K 뱅크
레볼루션

K 뱅크 레볼루션

초판 1쇄 인쇄 2025년 10월 20일
　　　 1쇄 발행 2025년 11월 01일

지은이 김준태

펴낸이 우세웅
책임편집 한홍
경영지원 고은주
표지 디자인 박정호
본문 디자인 김세경

종이 페이퍼프라이스㈜
인쇄 ㈜다온피앤피

펴낸곳 슬로디미디어
출판등록 2017년 6월 13일 제25100-2017-000035호
주소 경기 고양시 덕양구 청초로66, 덕은리버워크 지식산업센터 A동 15층 18호
전화 02)493-7780 **팩스** 0303)3442-7780
홈페이지 slodymedia-mo2.imweb.me **전자우편** wsw2525@gmail.com

ISBN 979-11-6785-284-7 (03320)

글 ⓒ 김준태, 2025

※ 이 책은 저작권법에 의하여 보호받는 저작물이므로 무단 전제와 무단 복제를 금합니다.
※ 잘못된 책은 구입하신 서점에서 교환해 드립니다.
※ 본서에 인용된 모든 글과 이미지는 독자들에게 해당 내용을 효과적으로 전달하기 위해 출처를 밝혀 제한적으로 사용하였습니다.
※ 슬로디미디어는 여러분의 소중한 원고를 기다리고 있습니다.
　 wsw2525@gmail.com 메일로 개요와 취지, 연락처를 보내주세요.

BaaS로
다시 태어나는
금융의 미래

김준태 지음

K 뱅크 레볼루션

AI · 스테이블코인 시대,
금융의 경계가 무너진다

KOREA BANK REVOLUTION

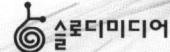
슬로디미디어

추천사

※ 본 추천사는 소속 기관의 공식 입장이 아닌 추천인의 개인적인 의견임을 명시합니다.

○ 장선형 ㈜신한은행 정보서비스개발부 총괄 부장 ○

30여 년간 금융업계에서 일하며 지켜본 변화의 속도는 그 어느 때보다 빠를 뿐만 아니라 본원적 변화를 요구하고 있습니다. 이 책은 단순한 디지털 전환을 넘어 은행의 존재 방식 자체가 바뀌고 있는 현실을 명확히 보여줍니다. 저자가 제시하는 'BaaS는 금융의 존재 방식을 바꾸는 전환점'이라는 통찰은 현장에서 체감하는 위기감과 정확히 일치합니다. 금융이 플랫폼 속으로 스며들어 '보이지 않는 인프라'가 되는 시대, 우리는 과연 어떤 전략을 선택해야 할까요? 미래 금융의 방향성을 고민하는 모든 금융인에게 이 책을 강력히 추천합니다.

○ 이준원 ㈜하나카드 전략기획부장 ○

retail finance의 현재와 미래에 대한 고민이 담겨 있어 현직자로서 많은 울림을 얻었습니다. 오랜 시간 업계에서의 경험을 바탕으로 고민한 흔적이 보이기에 더욱 큰 의미로 다가옵니다. 이 시간에도 금융업과 다양한 산업 최전선에서 리테일에 대해 사투를 벌이고 계시는 분들께 추천드립니다.

○ 김재순 ㈜현대캐피탈 정책실장 ○

이 책을 처음 접해보고서, 금융업 종사자로서 엄청난 자극을 받았습니다. 소위 IMF 이전과 이후, 2008년 금융위기 전과 후 엄청난 금융의 변화가 일어났고, 코로나 팬데믹을 겪으면서 금융 등 사회 전체적으로 큰 변화를 몸소 경험하며 현직 금융 종사자로서는 탄식과 더불어 앞으로 변화에 대해 기대도 갖게 합니다. 이 책은 향후 금융의 미래를 궁금해하는 금융업 종사자와 금융 당국자에게도 좋은 가이드가 될 것으로 믿습니다.

○ 범광진 ㈜KB자산운용 리테일마케팅실장 ○

은행은 여전히 인프라, 자산 운용, 리스크 관리 등 본질적인 강점을 갖고 있습니다. 그러나 고객 접점이 플랫폼으로 확장되고 있는 지금, 은행은 고유 경쟁력 강화와 플랫폼과의 공존 전략을 동시에 고민해야 합니다. 급변하는 금융 환경 속에서 이러한 고민과 함께 은행의 방향을 모색하는 모든 실무자에게 이 책을 권합니다.

○ 김영찬 Head of Relationship and Transaction Management, Deutsche Bank ○

금융의 존재 방식과 본질을 다시 묻는 통찰력 있는 전략서입니다. 저자는 플랫폼이 금융을 품는 시대에, BaaS^{Banking as a Service}가 어떻게 은행의 역할을 재정의하는지를 구체적 사례와 함께 설명합니다. 커머스, 모빌리티, 콘텐츠 산업까지 금융을 내재화하고 있는 현상을 생생하게 다루며, 독자에게 '금융은 어디에나 있다'는 새로운 관점을 제시합니다. 특히 은행이 더 이상 전면에 드러나지 않더라도, 기능 제공자로서 어떤 전략적 전환이 필요한지를 실질적으로 조망합니다. 디지털 금융 시대를 준비하는 모든 독자에게 이 책은 강력한 인사이트를 선사합니다.

○ 이정하 ㈜토스뱅크 정보보호본부장 ○

"은행이 사라져도 금융은 남는다"는 그 말의 의미를 선명하게 보여주는 책입니다. 플랫폼이 금융을 품는 시대, 은행의 전략적 위치가 어떻게 재편되고 있는지를 명확히 짚어줍니다. 고객이 은행 앱이 아닌 플랫폼에서 금융을 경험하는 지금, 은행은 백엔드로 남을 것인지, 새로운 방식으로 신뢰를 회복할 것인지 선택해야 합니다. BaaS는 단순한 기술이 아니라, 은행의 역할과 정체성을 다시 묻는 구조적 변화입니다. 이 책은 그런 전환점을 실무의 언어로 설명하며, 디지털 금융에 관여하는 모든 임직원에게 유용한 인사이트를 제공합니다. 플랫폼 시대에 어떤 은행으로 남을 것인가라는 질문 앞에 서 있는 분이라면 이 책을 추천드립니다.

○ 박재훈 BNK부산은행 디지털마케팅부 차장 ○

이 책은 금융의 본질이 서비스가 아닌 '경험'으로 이동하고 있음을 날카롭게 포착한 책입니다. BaaS를 중심으로 은행이 어떻게 기능으로 재편되고, 플랫폼과의 연결 속에서 새로운 생존 전략을 설계하는지를 입체적으로 보여줍니다. 금융을 일상의 흐름 속에서 다시 정의한 이 책은 마케터, 기획자, 그리고 금융 혁신을 고민하는 모든 실무자에게 인사이트를 제공합니다. 금융의 경험이 일상으로 들어오는 지금, 이 책은 은행과 플랫폼 사이에서 길을 찾는 이들에게 가장 실질적인 안내서입니다.

○ 이재정 한국산업은행 산하 산은캐피탈 리테일금융 차장 ○

이 책은 저자의 날카로운 통찰력을 바탕으로 금융산업이 금융 산업이 겪고 있는 변화 과정을 쉽게 이해할 수 있도록 쓰여졌다. 금융 산업이 아닌, 국내 굴지의 대기업에서 플랫폼 기반 온라인 사업을 담당했던 저자의 커리어패스는 전통적인 금융 산업의 형태가 무너지고 있는 작금의 상황을 제3자의 시선에서 객관적으로 분석하고, 이 책의 핵심 주제인 'BaaS'를 통한 금융 산업의 청사진을 제시하는 데 주효했다고 생각된다. 금융은 더 이상 복잡하고 어려운 것이 아니며 'BaaS'를 통해 우리의 일상생활에 빠르게 침투할 것이다. 이러한 변화에 독자들이 적응하고 슬기롭게 대처하는 데 이 책이 큰 도움이 되리라 확신한다.

프롤로그

당신이 마지막으로
은행 지점을 찾은 날은?

    은행에 마지막으로 가본 날이 떠오르는가? 그날은 특별한 일이 있었는지도 모른다. 도장을 챙기고, 신분증을 꺼내고, 무언가 중요한 일을 앞두고 서류를 발급받거나, 해외로 돈을 부치기 위해 발걸음을 옮겼을 것이다. 평일 한낮, 도시의 은행 지점은 늘 비슷한 풍경이다. 번호표를 뽑아 순서를 기다리고, 서류를 작성하고, 도장을 찍고, 때론 짜증 섞인 한숨을 내쉬는 사람도 있다. 그렇게 은행은 필요하지만 피곤한 공간이었다.

    그런데 어느새 그곳을 찾지 않는다. 계좌 개설도, 송금도, 대출 심사도, 카드 신청도 스마트폰 하나면 충분하다. 앱 하나로 원하는 기능을 모두 처리할 수 있다. 은행이라는 공간이 처음부터 존재하지 않았던 것처럼 말이다. 인식도 하지 못한 채 이미 '은행 없는 은행' 시대에 접어든 것이다. 이 책은 그 변화의 핵심에 있는 질문으로 시작한다. "은행이 사라진다면 금융은 어디로 갈까?"

최근 몇 년 사이, 금융이 플랫폼에 녹아들고 있다. 매일 사용하는 커머스 앱과 모빌리티 앱, 배달 플랫폼에 자연스럽게 은행의 기능이 스며들어 있다. 카드 등록 없이 결제하고, 결제하면 적립되는 포인트는 자산처럼 축적된다. 쇼핑하면 포인트가 쌓이고, 포인트를 예금하고, 예금한 금액으로 다시 쇼핑한다. 은행은 어디에도 없지만, 금융은 모든 곳에 있다.

금융이 이토록 보이지 않게 된 이유는, BaaS^{Banking as a Service}라는 개념[1]이 현실화되고 있기 때문이다. BaaS는 은행이 금융 기능을 API 형태로 외부에 제공하는 구조다. 핀테크 기업이 은행의 기능을 빌려 서비스에 금융을 '심는' 것이다. 하지만 이는 단지 기술적인 변화가 아니다. BaaS는 '은행의 존재 방식' 자체를 바꾸는 전략이다.

한때 은행은 '권위의 상징'이었다. 대리석으로 지은 건물, 서류와 도장, 창구와 ATM. 그러나 지금의 은행은 선택받아야 한다. 더 이상 소비자는 은행에 가야 할 이유가 없다. 오히려 금융이 '내가 있는 곳'으로 찾아와야 한다. 스마트폰 화면에, 내가 자주 쓰는 서비스에, 나의 일상 흐름에 은행이 들어와 있다. 이러한 상황에, 일부 은행은 자신들의 역할을 다시 정의하기 시작했다. 지점 수나 브랜드 이미지에 의존하던 전통적 방식을 넘어, 금융을 데이터 기반 서비스로 재구성하고, 커머스 기업과 제휴하며, 고객의 라이프스타일에 맞춘 맞춤형 금융 경험을 설계한다. 즉, '은행으로 오는 고객'을 기다리는 것이 아니라, '고객의 일상으로 들어가는 금융'을 만들어내는 것이다.

 이 책은 그 전환점에 있는 '은행'의 이야기다. 국내에서도 이런 변화를 실험하고 있는 은행이 있다. 이 책에서는 그 사례를 중심으로 BaaS의 개념과 구조, 글로벌 흐름, 실제 활용 모델, 커머스와 금융의 전략적 융합을 살펴본다. 기술을 소개하려는 것을 넘어, 이 변화가 왜 시작됐는지, 누가 이 흐름을 주도하고 있는지, 앞으로 어떻게 진화할 수 있는지 질문하고자 한다.

 은행이 없는 시대, 우리는 어떤 금융을 선택해야 할까? 그리고 은행은 어떤 방식으로 살아남아야 할까? 이 책은 그 물음에 대한 시도다. 지금의 은행이 어떻게 만들어졌고, 어디로 향하고 있으며, 무엇으로 다시 정의되어야 하는지 따라가본다.

 결국 말하고자 하는 바는 이것이다. "은행이 사라져도 금융은 남는다." 그리고 금융은 당신의 일상 어디에나 존재할 것이다.

김준태

차례

추천사   4
프롤로그 당신이 마지막으로 은행 지점을 찾은 날은?   8

1장 금융은 은행을 떠나 플랫폼으로 간다

01 은행이 사라지고 플랫폼이 대산하는 시대   19
은행 대신 플랫폼에서 금융을 경험하다   20
BaaS란 무엇이고 왜 주목받을까?   30
오픈뱅킹과 무엇이 다를까?   33

02 왜 기업들은 금융 기능이 필요할까?   36
산업 간 경계가 무너지고 있다   37
쿠팡·카카오 같은 기업들이 금융에 뛰어드는 이유   38
은행은 어떤 기회를 잡을 수 있을까?   49

03 해외는 어떻게 바뀌고 있을까?   53
애플과 골드만삭스가 만든 카드 이야기   55
통신사가 만든 은행, 유럽의 사례   58
API 연결자, 플래이드의 역할은?   61

2장 은행은 지금 무엇을 바꾸고 있는가

01 왜 은행은 플랫폼의 일부가 되려고 할까?   69
수익이 줄어드는 시대, 새로운 길을 찾는 은행들   70
비이자 수익을 위한 실험들   73
먼저 움직이는 은행들의 전략은 무엇일까?   81

02 금융을 재미있게, 쇼핑처럼 만드는 실험 … 83
- 포인트로 계좌 만들고 출금까지 가능하다면? … 86
- '쇼핑 적금'이 등장한 이유 … 87
- 금융상품을 고르는 방식이 쇼핑처럼 바뀐다 … 88

03 커머스 기업과 은행이 만나는 이유 … 93
- 쿠팡, 네이버, SSG… 커머스는 왜 은행이 필요할까? … 94
- 고객의 쇼핑 이력을 신용으로 바꾸는 시대 … 98
- PLCC, 포인트, 제휴카드가 만드는 새로운 금융 경제 … 101

3장 은행보다 기억에 남는 건 플랫폼이다

01 사람들은 은행보다 플랫폼을 신뢰한다 … 109
- 브랜드보다 중요한 것은 '경험'이다 … 110
- 좋은 UX가 신뢰를 만든다 … 112
- 은행은 경험에서 지워지고 있다 … 113

02 고객이 원하는 건 이자보다 혜택과 경험이다 … 116
- 이자보다 실질적인 혜택이 더 중요하다 … 117
- 적금보다 충전, 예금보다 포인트 … 119
- MZ세대는 어떻게 금융을 선택할까? … 121

03 커머스 기업은 왜 직접 금융을 하려고 할까? … 123
- 단순한 수수료 절감 그 이상 … 123
- 고객을 붙잡기 위한 '로크인 전략' … 124
- 은행을 파트너로 삼는 플랫폼 전략 … 125

04 데이터가 새로운 금융 질서를 만든다 … 131
- 데이터를 기반으로 금융이 달라지고 있다 … 131

일반적인 은행은 어떤 정보를 가질 수 있는가?	132
플랫폼과 함께 성장하는 은행 모델	133

05 이제는 산업이 금융을 품는다 — 135
농업+커머스+금융이 연결되는 팜스테크　136
자율주행차 안의 금융 서비스　142
어떤 전략을 배워야 할까?　146

4장 미래 금융은 어디까지 진화할까

01 은행은 어떤 모델로 바뀌고 있을까? — 153
전통적인 은행 모델이 통하던 시대는 저물고 있다　155
혁신적인 금융 생태계를 만드는 조건은 무엇일까?　162

02 블록체인과 디지털 자산은 금융을 어떻게 바꿀까? — 165
비트코인, NFT, 토큰은 투자일 뿐인가?　166
디지털 자산이 금융 서비스에 끼치는 영향　169

03 글로벌 금융 산업은 어디로 향하고 있을까? — 172
해외 금융 시장의 변화 흐름은?　174
전 세계에서 통하는 금융 서비스의 기준은?　177

04 AI와 빅데이터가 만드는 맞춤형 금융 — 180
인공지능은 어떻게 금융을 더 똑똑해지게 만들까?　181
나에게 꼭 맞는 금융상품이 자동으로 제안되는 시대　184

05 ESG는 왜 금융에도 중요한가? — 186
환경과 사회적 가치가 금융의 기준이 된다　188
지속 가능한 금융이란 어떤 모습이어야 할까?　190

5장 10년 뒤, 우리는 어떤 금융을 만나게 될까?

01 은행은 계속 존재할 수 있을까? — 197
    BaaS 시대, 은행은 어떤 모습으로 남게 될까? — 198
    플랫폼화된 은행 vs. 백엔드로 남는 은행 — 199

02 플랫폼은 금융을 완전히 품을 수 있을까? — 201
    네이버, 카카오, 쿠팡의 금융 기능 확장 — 202
    플랫폼은 금융 규제의 벽을 어떻게 넘고 있을까? — 204

03 앞으로 누가 금융의 '신뢰'를 만들까? — 207
    기술이 신뢰를 만들 수 있을까? 브랜드 아니면 제도? — 208
    미래 금융의 '신뢰 주체'는 누구인가? — 209

04 금융이 민주화된다는 것의 의미 — 212
    모두가 금융을 설계할 수 있는 시대가 온다 — 213
    지역 금융, 분산형 금융, 데이터 기반 금융의 공존 — 214

05 10년 후, 우리는 어떤 질문을 하게 될까? — 216
    지금의 BaaS 흐름은 지속 가능할까? — 217
    10년 후에도 은행은 남아 있을까? — 218
    미래의 금융은 어떤 모습으로 우리 곁에 있을까? — 219

에필로그 은행이 사라져도 금융은 남는다 — 221
참고자료 — 224

커머스 앱에서 할부를 쓰고, 택시 앱에서 간편결제를 하며, 보험도 플랫폼을 통해 가입한다. 어디서부터가 금융이고 어디까지가 비금융인지, 그 경계가 점점 흐려지고 있다. 금융은 더 이상 은행에만 머물지 않고, 다른 산업에 조용히 스며들고 있다. 그 변화는 어느 날 갑자기 시작된 것이 아니다. 소비자가 더 빠르고, 간편하고, 매끄러운 금융 경험을 원하면서 금융은 점차 서비스가 아닌 기능으로 바뀌었다. 이제 금융은 앱, 플랫폼, 서비스 흐름에 자연스럽게 녹아 있다. 이름을 붙이지 않으면 그것이 금융인지조차 인식되지 않을 정도로 말이다.

이처럼 산업과 산업 간 경계가 사라지고 금융의 자리가 재편되는 과정에서, BaaS Banking as a Service는 중심축이 되었다. 은행이 모든 걸 직접 제공하던 시대에서 은행이 '기능을 나누어 주는 존재'로 변화하는 시점이다. 그리고 그 전환의 실마리가 바로 BaaS다.

이제 중요한 것은 누가 금융업을 하는지가 아니다. 어떤 경험에 금융이 자연스럽게 녹아 있는지, 어떤 기업이 그 흐름을 설계하고 연결하는지가 더 중요해졌다. 은행은 선택의 기로에 섰다. 기능을 분리해 플랫폼에 공급할 것인가, 아니면 고객 경험의 중심에서 다시 한번 판을 설계할 것인가?

1장은 그 질문의 출발점에 선다. 금융이 왜 플랫폼에 스며들었는지, BaaS는 무엇이고 어떤 구조로 작동하는지, 글로벌 시장은 이 흐름을 어떻게 받아들이고 있는지 차례로 짚어본다. 무너진 금융의 경계는 위기가 아닌 새로운 질서의 시작일 수 있다.

1장

금융은 은행을 떠나 플랫폼으로 간다

은행이 사라지고
플랫폼이 대신하는 시대

　금융 서비스는 이제 앱의 기능 중 하나일 뿐이다. 커머스를 사용하며 할부를 쓰고, 택시를 불러 간편결제를 선택하며, 보험도 플랫폼의 추천을 따라 가입한다. 고객은 금융을 '사용'하지만, 굳이 '의식'하지는 않는다. 중요한 것은 금융이 어디서 시작되는가가 아니라, 얼마나 매끄럽게 경험에 녹아 있는가다.

　이제 플랫폼은 단순한 서비스의 창구가 아니다. 경험의 흐름을 설계하고, 그 안에 금융을 자연스럽게 삽입한다. 금융은 더 이상 시작점이 아니며, 플랫폼의 흐름에서 기능처럼 호출된다. "어떤 은행을 쓸까?"를 고민하기보다는, "어떤 앱에 들어 있는가?"가 중요한 시대다. 이 변화는 고객의 기대에서 비롯됐다. 빠르고, 간편하며, 복잡하지 않은 금융을 원하는 사용자들의 목소리가 커질수록, 플랫폼은 그 요구를 수용했고 금융은 뒤따랐다. 복잡한 금융 용어 대신 직관적인 UI^{User Interface}로, 오프라인 서류 대신 원클릭 동의로, 영업점 대신 알림창으로, 금융은 그렇게 플랫폼으로 흘러들었다. 은행의 입장에서 보면 통제권의 이동이다.

서비스의 주도권이 은행에서 플랫폼으로 넘어갔다. 고객과의 최접점을 플랫폼이 가져가고, 은행은 그 안에서 기능을 공급하는 존재로 변했다. 선택지가 많아진 소비자는 굳이 '은행 앱'을 켤 이유가 없고, 금융은 '주도'가 아닌 '연결'의 역할로 자리 잡는다. 금융이 플랫폼을 품은 것이 아니다. 플랫폼이 금융을 품고, 그 구조를 먼저 차지한 곳이 고객의 시간을 지배한다.

[1]
은행 대신 플랫폼에서 금융을 경험하다

물론 스마트폰에는 은행 앱도 깔려 있다. 로그인도 잘되고, 알림도 수시로 온다. 하지만 문득 깨닫는다. 언제부터인가 은행에 '들어가지 않고도' 금융을 쓰고 있다는 사실을 말이다. 출발은 조용했지만, 변화는 깊었다.

처음엔 간편송금이었다. 공인인증서 없이도 돈을 보낼 수 있다는 편리함이 입소문을 탔다. 이후 간편결제, 자동이체, 카드 연동으로 하나둘 늘어났다. 그러던 어느 순간, 카카오에서 대출을 받고, 네이버에서 보험을 가입하고, 배달앱에서 적금 이벤트를 본다. 고객 입장에선 편해졌지만, 은행 입장에선 금융의 주 무대가 바뀐 셈이다. 은행 앱은 더 이상 고객 여정의 출발점이 아니다. 플랫폼이 그 자리를 대신하면서 은행은 이제 플랫폼 기능 중 하나가 되었고, 이름조차 노출되지 않는 백엔드 API로 작동하기도 한다.

요즘엔 고객이 금융을 사용하면서도 어떤 은행인지조차 모를 때가 많다. 은행은 그대로 있는데, 고객이 바라보는 창이 달라졌기 때문이다. 사용자에게 중요한 것은 은행의 간판이 아니라 금융 경험의 편의성이다.

이는 UI뿐만이 아니라 신뢰와 선택의 기준이 바뀌었다는 뜻이다. 과거에는 "어느 은행이 더 안전한가?", "어느 곳의 이율이 좋은가?"가 기준이었다면, 이제는 "어느 플랫폼이 덜 귀찮고 더 빨리 끝나는가?"가 기준이 되었다. 금융이 기술로 분해되고 플랫폼 안에 삽입되면서, 은행은 점점 고객의 눈앞에서 사라지고 있다. 은행이 문을 닫은 게 아니다. 은행이 은행 같지 않게 된 것이다.

적금이 '토스에서' 시작된다

월급날 저녁, 퇴근길에 버스를 기다리던 A씨는 문득 생각했다. "이번 달엔 돈을 좀 모아봐야 할 텐데." 예전 같았으면 은행 앱을 켜고, 공인인증서를 꺼내고, 수십 가지 상품 설명을 비교하면서 몇 날 며칠 고민했을 것이다. 하지만 그는 그렇게 하지 않는다. 토스 앱을 열면 화면 상단에 "연이율 최대 6.0%"라는 문구가 눈에 띈다. 터치 한 번으로 적금 상품 리스트가 열린다. 은행별 조건, 이율, 자동이체 여부, 만기 후 혜택까지 보기 좋게 정리돼 있다. 무엇보다 복잡하지 않다. 가장 위에 있는 상품을 눌러보니 월 20만 원, 12개월 적금. 직관적이고 부담도 없다. 일단 눌러본다. 가입은 몇 단계만 거치면 끝난다. 이미 토스에 본인인증이 되어 있으니 따로 정보를 입력할 필요도 없다. 가입 버튼을 누르면 곧바로 광주은행의 가입 페이지로 연결 그 과정이 매끄럽고 위화감이 없다. 어느새 은행 웹사이트로 이동해 가입을 마쳤다는 사실을 알지 못할 정도다.

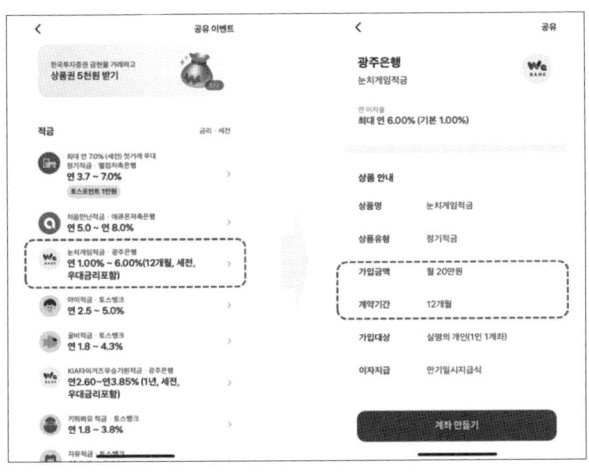

○ 출처: 토스뱅크 적금 가입 페이지

여기까지 걸린 시간은 단 몇 분. 영업점이나 창구 직원, 은행 앱도 거치지 않았다. 금융은 분명 사용되었지만, 은행은 전면에 등장하지 않았다.

고객에게 중요한 것은 최종 실행 주체가 아니라, 이 서비스가 어디에서 시작되어 어떤 경험으로 제공되었는가다. A씨는 친구에게 "나, 이번에 토스에서 적금 들었어"라고 이야기한다. 정확히 말하면 광주은행 상품에 가입한 것이지만, 그는 토스를 통해 금융을 경험했다. 이런 경험이 보여주는 것은 하나다. 이제 금융은 상품이 아니라 경험이라는 것이다. 그리고 그 경험을 설계하는 주체가 더 이상 은행이 아니다. 고객의 탐색과 선택, 가입과 실행까지 이제는 플랫폼이 주도한다. 은행은 그저 리스트에 올라 선택당하는 위치로 밀려났다.

금융의 본질은 그대로지만, 고객이 만나는 '첫 번째 창'이 달라졌다. 은행은 여전히 존재하지만, 고객에게 보이지 않는다. 이제 고객은 금융을 어디에서 경험했는지로 기억한다. 그 기억 속에서, 은행의 존재감은 점점 흐릿해지고 있다.

대출은 '카카오에서' 받는다

B씨는 요즘 고민이 많다. 가전제품 할부금에 아이 학원비까지 겹치면서 유독 이번 달이 빠듯하다. 월급일은 아직 멀었고, 급하게 현금이 좀 필요하다. 예전 같았으면 은행 지점에 방문하거나, 은행 앱에서 조건을 비교하며 머리를 싸맸을 것이다. 신용대출, 중금리, 한도조회 같은 단어가 머리를 아프게 했던 기억이 아직도 생생하다.

하지만 이번에는 달랐다. 그는 카카오톡에서 '카카오뱅크' 탭을 열고 '대출 알아보기'를 클릭했다. 몇 가지 정보를 입력하자, 다양한 금융기관의 예상 한도와 이율이 한눈에 정리되어 나타났다. 앱에서 클릭 몇 번으로 조회를 완료하고 각 금융사의 조건을 비교한 뒤, 가장 마음에 드는 조건을 선택했다.

카카오톡을 통해 카카오뱅크에 접속하면 별도로 앱을 설치하거나 번거로운 절차를 거치지 않고도 카카오뱅크 시스템으로 자연스럽게 연결되었고, 간단한 인증과 약관 동의 후 곧바로 대출이 실행되었다. 은행에는 가지도 않았고, 인감도장도 필요 없었다. 흐름은 끊기지 않았다. 물론 실행은 카카오뱅크의 시스템을 통해 이뤄졌지만, 그는 카카오톡에서 바로 대출받았다고 생각했다.

정확히는 카카오뱅크라는 은행의 자금을 사용한 것이지만, 은행 브랜드라기보다는 기능 중 하나로 지나간다. 고객에게 중요한 건 단 하나다. 지금, 이 순간 이 문제를 해결할 수 있는가? 그리고 카카오는 그것을 가능하게 해주었다.

자연스럽게 작동하는 UX$^{User\ Experience}$ 안에서 문제를 해결하는 이런 변화는 단순한 UI의 진화가 아니다. 신뢰의 이동이다. 과거에는 어느 은행이 금리가 낮은지 따졌지만, 지금은 어디서 가장 간편하게 해결할 수 있을지 찾는다. 금융상품의 조건보다 경험의 설계자에 대한 신뢰가 우선이다. 현재 그 신뢰를 받는 곳은 은행이 아니라 카카오라는 플랫폼이다. 이런 흐름 속에서, 은행은 점점 백엔드로 이동하고 플랫폼은 고객과 만나는 전면에서 금융의 '진짜 얼굴'을 대신한다.

결제는 '배달의민족에서' 이뤄진다

C씨는 토요일 저녁, TV를 보며 출출함을 느낀다. 별다른 고민 없이 스마트폰을 꺼내 '배달의민족' 앱을 연다. 평소처럼 좋아하는 중식당을 검색하고, 짜장면과 탕수육을 장바구니에 담는다. 배달 주소는 자동으로 입력되고, 쿠폰도 알아서 적용된다. 그리고 마지막 단계에서 결제 버튼을 누른다.

"배민페이[2]로 결제하시겠어요?"

당연히 그렇다고 누른다. 이미 카드도 등록돼 있고, 비밀번호도 생체인증으로 간편하게 처리된다. 클릭 한 번, 지문 한 번이면 결제는 완료된다. 몇 초 만에 "결제가 완료되었습니다"라는 문구가 화면에 뜬다. 이 짧은 순간, 사실 엄청난 금융 서비스를 경험한 셈이다. 은행 계좌 또는 신용카드와 연결된 결제, 간편결제 시스템, 카드사 승인, 결제망 연동, 보안 인증 등등, 과거 같으면 최소한 두세 단계는 거쳐야 했던 과정이지만, 지금은 앱 안에 녹아든 하나의 '기능'처럼 작동한다. 그리고 그 중심에는 배달의민족이 있다.

이 결제를 통해 수익을 올리는 곳은 카드사일 테고 데이터를 수집하는 곳은 결제대행사지만, 사용자는 모든 행동을 '배민에서 했다'고 인식한다. 어느 카드로 결제했는지, 어느 은행이 연동돼 있었는지는 전혀 중요하지 않다. 고객이 신뢰한 건 배민이다.

결제를 요청하고, 처리를 보장하고, 주문까지 이어주는 전체 경험을 설계한 주체는 플랫폼이다. 결제라는 금융의 중요한 순간마저도 플랫폼이 주도하는 것이다. 이런 변화를 상징하는 말이 "배민에서 결제했어"다.

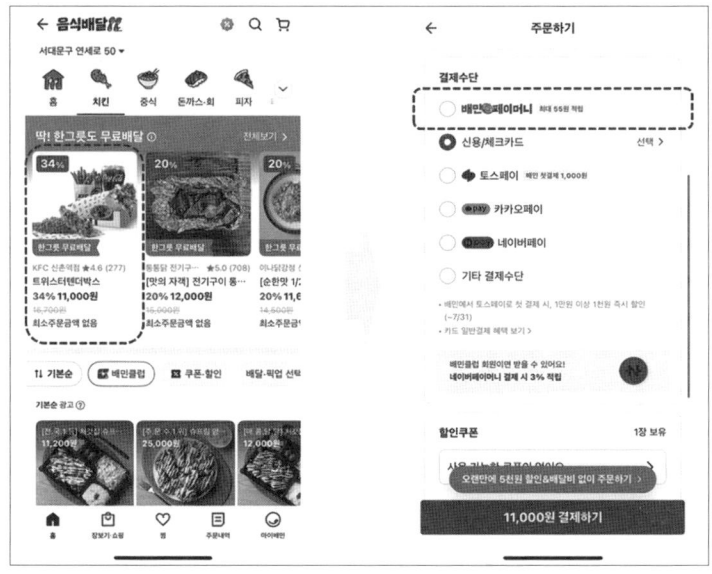

○ 출처: 배달의민족 주문/결제 페이지

이 짧은 문장에서 은행이나 카드사의 이름은 사라진다. 고객은 더 이상 금융사를 기억하지 않는다. 금융은 사용되지만, 인식되지는 않는다. 그리고 이는 결제에서만 벌어지는 일이 아니다.

배민은 이미 포인트 적립, 정기결제, 선결제, BNPL후불결제 같은 다양한 금융 기능을 앱 안에 녹여 넣었다. 플랫폼 안에서 고객의 지불 행동 전체를 통제하고 있는 셈이다. 다시 말해, 결제는 이제 '금융'이 아니라 '서비스 경험의 일부'다. 은행과 카드사는 여전히 이 구조를 유지하는 데 필수적인 기술과 자금을 제공한다. 하지만 고객은 그들을 인식하지 못한다.

이용자의 눈에 보이는 것은 오직 플랫폼뿐이다. 결제와 관련한 진짜 경쟁은 더 이상 카드 혜택이나 이율을 두고 일어나지 않는다. 누가 가장 간편하게 연결하는지, 누가 고객을 먼저 설계하는지가 승부를 가른다. 그 싸움에서 플랫폼은 선두에 섰다.

보험은 '네이버페이에서' 가입한다

D씨는 여름휴가를 앞두고 있었다. 오랜만의 해외여행이다. 항공권은 이미 예약했고, 호텔도 잡았다. 여행지 맛집과 일정도 정리한 상태. 그런데 문득 혹시 모르니까 여행자보험을 들어야겠다는 생각이 든다. 예전 같으면 보험사 홈페이지를 뒤지거나 공항에서 대충 상품을 고르곤 했다. 그런데 이번에는 다르다. 항공권 예약 내역을 확인하던 중, 네이버페이에서 '여행자보험 추천' 배너가 떴다. 가입 절차는 너무도 간단했다. 출국일과 귀국일, 여행지, 나이만 입력하면 곧바로 보장 금액별 플랜이 정리되어 화면에 뜬다. 실시간으로 여러 보험사의 조건이 비교되고, 보험료도 한눈에 보인다. 7,000원대부터 시작되는 부담 없는 금액에 클릭 몇 번이면 가입이 완료된다. 복잡한 서류도, 상담 전화도, 추가 인증도 필요 없다. 네이버페이로 결제하듯, 여행자보험도 쇼핑하듯 상품을 담고 결제한다.

D씨는 출국 준비를 끝내고 친구에게 "네이버페이에서 여행자보험 하나 들었어"라고 말했다. 정확히는 메리츠화재의 상품이지만, 그 이름은 기억나지 않는다. 보험에 가입한 건 분명한데, D씨의 기억에는 네이버페이만 남아 있다. 여기서 알 수 있는 건 편의성의 진화만이 아니다. 보험과 같은 금융상품도 이제는 '결제 경험의 연장선'에서 자연스럽게 소비하는 시대가 되었다는 것이다. 사용자는 더 이상 보험사를 직접 찾지 않는다.

플랫폼이 설계해둔 여정 안에서 보험은 하나의 선택지로 등장하고, 고객은 플랫폼이 제시하는 흐름에 따라 움직인다. 보험사는 여전히 보장을 책임지지만, 고객과의 첫 접점, 탐색, 신뢰 형성은 플랫폼이 주도한다. 네이버는 보험을 판매하는 기업이 아닌데도, 고객의 신뢰는 보험사보다 네이버페이로 먼저 향한다. 이는 기술의 승리라기보다는 사용자 경험을 장악한 플랫폼의 힘이다.

과거에는 '가입하러 가야 했던 보험'이 이제는 '눈에 띄면 그냥 들어보는 보험'이 되었다.

투자는 '카카오톡에서' 이뤄진다

E씨는 요즘 유난히 돈에 대한 생각이 많아졌다. 물가는 오르는데 통장 잔고는 제자리다.

뉴스에서는 자꾸 금리 인하, ETF, 테마주 같은 말이 나오지만, 나와는 먼 얘기 같기만 하다. 그렇다고 증권사 앱을 설치할 용기도 없다.

예·적금 외에 돈을 불리는 방법이 있다는 건 알지만, 어디서 어떻게 시작해야 할지 막막하다.

카카오톡이 보낸 한 통의 알림에서 E씨의 변화는 시작되었다.

"지금 나의 자산 습관을 기반으로 한 투자 제안이 도착했습니다."

보낸 이는 '카카오페이증권'이다. 처음엔 스팸처럼 느껴졌지만, 카카오톡은 익숙하기에 가볍게 눌러봤다. 화면이 열리자, 지난 한 달 소비 패턴과 잔고 변화를 요약한 리포트가 보였다. 그리고 그 아래엔 "당신처럼 안정적인 소비 성향을 가진 분들에게 추천하는 소액 ETF"라는 안내문이 있었다. 설명이 어렵지 않았다. 어디에 투자되는지, 위험 등급은 어떤지, 수익률은 어느 정도인지를 깔끔한 카드 뉴스 형식으로 정리해두었다. 무엇보다 "지금 1만 원부터 시작할 수 있습니다"라는 문구가 마음을 움직였다.

지금까지 투자라는 말만 들어도 긴장했던 E씨는 처음으로 '이 정도면 나도 할 수 있겠다'는 생각이 들었다. 그래서 화면 아래의 버튼을 눌러 투자 계좌를 만들고, 본인 인증을 하고, 카카오페이를 통해 1만 원을 이체했다. 모든 과정은 카카오톡 안에서 이루어졌다. 따로 켠 앱도 없었고, 증권사 이름도 크게 드러나지 않았다.

몇 분 후, 카카오페이증권에서 "투자가 완료되었습니다"라는 메시지가 도착했다. E씨는 친구와의 대화에서 이렇게 말했다. "요즘 카카오톡으로 조금씩 투자하고 있어." 그가 실제로 돈을 맡긴 곳은 증권사지만, 그의 기억과 인식에 따르면 금융의 시작점도, 실행 주체도 모두 카카오톡이었다.

이 장면은 결코 우연이 아니다. 메신저 앱은 우리 일상에서 가장 자주 접하는 공간이다. 카카오는 송금, 결제, 멤버십, 멤버 간 선물하기 등을 통해 이미 고객의 금융 행위를 일상에 녹였다. 이제는 그 일상의 흐름 위에 자산 관리와 투자까지 연결하고 있는 것이다.

플랫폼은 고객을 설득하지 않는다. 그보다는 고객이 시간을 보내는 공간에 금융을 기능처럼 심어둔다. 그 기능은 너무 자연스러워서, 사용자는 금융이라는 것도 자각하지 못한 채 경험해버린다.

카카오톡은 어느새 금융의 전면에 나섰다. 그렇다면 이 구조 속에서 기존 금융사는 어떤 역할을 맡을까? 계좌와 자금을 연결해주는 백엔드, 거래 기술을 제공하는 실행자, 상품을 공급하는 도매처와 같은 모든 중심 역할은 플랫폼이 차지하고, 금융사는 조연이 된다.

카카오페이증권은 출범한 지 얼마 되지 않았지만, 이미 수백만 명이 투자를 경험하게 했다. 증권은 더 이상 전문가의 도구가 아니다. 카카오톡은 투자조차도 '가볍게 시작할 수 있는 일'로 바꿔놓았다. 이것은 한 회사의 성공 스토리를 넘어, 플랫폼이 금융의 구조와 인식을 어떻게 바꾸고 있는지를 보여주는 압축된 장면이다.

[2]
BaaS란 무엇이고 왜 주목받을까?

앞서 다섯 가지 예를 살펴봤다. 적금은 토스에서, 대출은 카카오에서, 결제는 배민에서, 보험은 네이버페이에서, 투자와 자산관리는 카카오톡에서 이뤄진다. 이 모든 과정에서 은행이 작동하지만, 그 존재는 점점 희미해졌다. 금융이 사라진 게 아니다. 금융은 여전히 존재하지만 고객이 마주치는 금융의 '첫 장면'은 더 이상 은행이 아니다.

이제 금융은 플랫폼의 기능에 숨어서 작동하고, 고객은 그것을 금융이 아닌 일상의 일부로 경험한다. 이처럼 금융이 플랫폼에 들어갈 수 있게 만든 구조, 바로 그 핵심에 있는 것이 Banking as a Service, 즉 BaaS다.

BaaS란 '서비스로서의 은행'을 뜻한다. 이전까지 은행은 거대한 하나의 시스템이었다. 창구에서 대출받고, 별도의 시스템에서 송금하고, 계좌를 만들려면 은행 앱에 로그인해야 했다. 금융의 모든 기능은 은행에서만 동작했다. 하지만 지금은 다르다. 계좌 개설, 예·적금 상품 추천, 실시간 송금, 대출 실행, 보험 연결까지, 이 모든 기능이 API Application Programming Interface 형태로 모듈화되어 외부에 제공된다. 즉, 은행의 핵심 기능이 분해되어, 제3자 플랫폼에게 연결 가능한 서비스로 전환된 것이다.

이렇게 되면 어떤 일이 벌어질까? 토스는 '은행 창구'를 만들지 않고도 다양한 금융 기능을 사용자에게 제공한다. 카카오는 직접 은행을 운영하지 않더라도 신용대출과 투자 추천을 연결한다. 네이버는 보험사와 제휴해 여행자보험을 상품처럼 진열하고 판매한다. 즉, 플랫폼이 UI를 담당하고, 은행은 API기능를 공급하는 관계가 되는 것

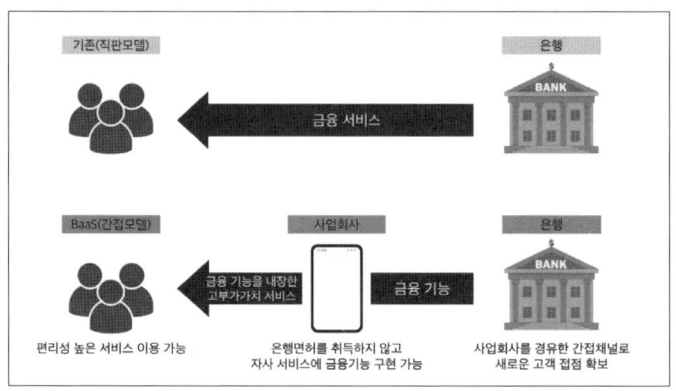

○ 출처: 한국금융연구원

이다. 플랫폼은 고객을 만나고, 은행은 기능을 연결하며 돈이 오가도록 돕는다.

BaaS는 기술 변화만이 아니라, 금융의 존재 방식 자체를 바꾸는 전환점이다. 예전엔 금융이 서비스의 중심에 있었다. 무언가를 하려면 은행부터 찾아야 했고, 금융은 출발점이자 핵심이었다. 하지만 BaaS가 도입되면서 금융은 다른 서비스의 '한 조각'으로 흡수되기 시작했다. 이제는 쇼핑하다가 결제하고, 병원비를 조회하다 실손보험을 연결하며, 택시를 타다가 포인트로 자동 결제되는 흐름 안에서 금융이 자연스럽게 호출된다. 이 구조에서 은행은 더 이상 주인공이 아니다. 금융은 독립된 목적지가 아니라, 서비스 흐름 속에 녹아든 유틸리티가 된다. 사용자는 금융을 경험하면서도 금융을 인식하지 않는다.

그리고 은행의 역할은 플랫폼과의 파트너십에 따라 달라진다. 누군가는 백엔드에 머무르고, 누군가는 플랫폼에서 새로운 금융 모델을 구축한다. 즉, 은행은 플랫폼의 일부가 될 수도 있고, 반대로 플랫폼을 소유한 금융사가 될 수도 있다.

BaaS는 기존 금융 질서에 한 가지 중요한 질문을 던진다. 금융사만이 금융을 다룰 수 있을까? BaaS를 통해 플랫폼, 커머스, 심지어 콘텐츠 기업까지도 자체적으로 금융 기능을 제공할 수 있는 시대가 왔다. 이는 기술의 진보를 넘어, 금융의 권력이 '면허'에서 '접점'으로 이동하고 있다는 것을 의미한다. 과거엔 라이선스가 있는 은행만이 금융을 다룰 수 있었지만, 이제는 고객을 가진 플랫폼이 금융을 경험시킨다. 그리고 그 과정에서, 은행은 기능의 제공자로서 다시 위치를 조정해야 한다. 고객 접점은 잃었지만, 기능의 제어권을 어떻게 유지할까? 그 고민의 답 역시 BaaS라는 구조에서 찾아야 한다.

BaaS는 더 이상 실험적인 개념이 아니다. 이미 일상에 들어와 있고, 하루에도 몇 번씩 마주하는 금융 경험 뒤에는 언제나 조용히, 그러나 강력하게 BaaS가 작동하고 있다. 금융이 완전히 새롭게 설계되는 이 시대, 은행은 기능이 되었고 플랫폼은 신뢰의 상징이 되었다. 그리고 그 신뢰 위에 올라선 금융의 이름은 이제 더 이상 '은행'이 아닐 수도 있다.

[3]
오픈뱅킹과 무엇이 다를까?

BaaS 이야기를 꺼내면 가장 자주 따르는 질문이 있다. "그거, 오픈뱅킹이랑 뭐가 달라요?"

겉으로 보기엔 비슷해 보인다. 둘 다 API를 활용하고, 은행의 기능을 외부에 연동하며, 새로운 금융 경험을 가능케 한다. 하지만 실체는 분명히 다르다.

오픈뱅킹은 금융 소비자, 즉 고객 입장에서의 연결이다.[3] 쉽게 말해, 고객이 A은행 계좌를 B앱에서도 확인하고 송금도 할 수 있게 해주는 정보·기능 개방 시스템이다. 은행이 보유한 계좌, 결제, 송금 등 일부 데이터를 외부 핀테크 앱이 불러와서 사용자가 여러 은행을 하나의 플랫폼에서 조회·이용할 수 있게 해주는 것이 핵심이다.

BaaS는 완전히 다르다. BaaS는 은행의 기능을 플랫폼이 자체 서비스 안에 녹여서 '제공'할 수 있게 만든 구조다. 즉, 플랫폼이 금융회사가 아니더라도, 은행 기능을 자사 서비스처럼 연결·탑재할 수 있게 해주는 파트너십 기반 모델이다. 오픈뱅킹은 '카카오뱅크 계좌를 토스 앱에서 조회하고 송금하는 것'이라면, BaaS는 '토스 안에서 적금에 가입하고, 대출을 실행하고, 보험을 설계하는 것'이다. 오픈뱅킹은 금융 소비의 '창구 통합'이고, BaaS는 금융 기능의 '내재화'다.

기술적으로는 둘 다 API를 활용하지만, 오픈뱅킹은 은행의 기능을 연결만 시키고, BaaS는 은행의 기능을 제공자 중심에서 플랫폼 중심으로 '전환'시킨다.

- 오픈뱅킹은 '은행이 주인이고, 외부에서 접속하는' 구조

- BaaS는 '플랫폼이 주인이 되고, 은행이 기능을 제공하는' 구조

그래서 오픈뱅킹은 여전히 은행의 통제권 아래에 있지만, BaaS는 서비스의 전면을 플랫폼이 설계하고 고객을 직접 소유한다. 이는 단순히 기술의 차이가 아니라, '서비스 주도권'의 이동을 나타내는 구조적 변화다.

또 하나의 차이는 오픈뱅킹은 규제기관이 금융 개방을 촉진하기 위해 만든 정책 중심 모델이다. 핀테크 활성화, 소비자 편의 제고, 정보 주권 확보를 위한 시장 표준의 일환이다. 반면 BaaS는 은행과 플랫폼 간의 전략적 제휴 모델이다. 규제가 허용하는 범위 내에서, 각 기업이 비즈니스 모델에 따라 설계하고 조정하는 유연한 연결 방식이다. 그 결과, 오픈뱅킹은 공공 인프라이고, BaaS는 민간 전략이다.

결론적으로, 오픈뱅킹은 금융을 '열어주는 구조'이고, BaaS는 금융을 '심어주는 구조'다.[4] 은행이 열어주는 문과 플랫폼이 가져다 놓는 기능이 기술적으로 유사해 보일 수 있으나, 비즈니스적으로는 금융의 위치가 완전히 다르다.

02

왜 기업들은
금융 기능이 필요할까?

금융이 다른 산업으로 스며드는 건 우연이 아니다. 커머스가 결제를 품고, 모빌리티가 보험을 제공하며, 포인트가 투자로 전환되는 일상의 모든 변화는 기술이 좋아졌을 뿐 아니라, 산업의 구조 자체가 달라졌기 때문에 가능해진 것이다. 지금은 산업과 산업 사이의 경계가 사라지는 시대다. 전통적으로 분리되어 있던 업권과 업태의 구분이 점점 흐려지면서, 소비자는 특정 업종에 묶이지 않고 경험의 흐름에 따라 움직인다. 그 흐름 속에서 금융은 이제 더 이상 독립된 산업이 아니라, 다른 산업과 결합해 가치를 증폭시키는 연결 도구로 자리 잡는다.

이처럼 금융이 '혼자 서 있는 산업'에서 '다른 산업 안에 자연스럽게 녹아드는 구조'로 바뀌면서, BaaS는 그 흐름을 가능하게 만드는 핵심 설계 방식이 된다. 이 장에서는 왜 BaaS가 필요한지, 그리고 이 구조가 어떻게 산업의 경계 허물기, 비금융사의 금융 진출, 은행의 전략적 전환으로 이어지는지 하나씩 짚어본다. 금융이 세상의 중심이었던 시대는 끝났다. 세상이 금융을 품기 시작하면서, 모든 변화의 시작점에는 "왜 BaaS인가?"가 아니라 "왜 필요한가?"라는 질문이 놓여 있다.

(1)
산업 간 경계가 무너지고 있다

한때는 모든 산업이 자신만의 영역 안에서 움직였다. 은행은 금융, 유통은 판매, 통신사는 연결, 제조업은 생산을 담당했다. 서로의 역할은 명확했고, 영역은 겹치지 않았다. 하지만 지금은 다르다. 디지털화는 산업의 벽을 허물었다. 기술의 발전은 "누가, 어떤 서비스를 할 수 있는가?"에 대한 기준을 완전히 바꾸어놓았다. 이제 중요한 것은 자본이나 면허가 아니라, 데이터와 고객 접점이다. 그 결과, 기업들은 더 이상 본업에만 머물지 않는다. 고객이 원하는 흐름 안에서 필요한 기능을 직접 연결하기 시작했다.

이커머스는 결제를 품고, 콘텐츠 플랫폼은 간편투자를 제공하며, 택시 앱은 보험과 대출을 연동한다. 고객은 더 이상 이 기능들이 본래 어디에 속해 있었는지 따지지 않는다. 그저 앱 안에 기능이 있으면 좋겠다고 고객이 생각하면, 그 요구에 응답하는 기업만이 고객의 시간을 점유할 수 있다. 즉, 산업 경계가 무너졌다는 뜻이다.

더 근본적인 변화는 '업종 중심 사고'에서 '경험 중심 사고'로의 이동이다. 과거엔 금융을 하려면 은행 앱, 보험을 들려면 보험사 창구라는 식의 고정관념이 있었다. 하지만 지금은 고객이 머무는 곳이 곧 금융의 창구가 된다.

- 쇼핑 중에도 결제를 넘어서 금융 서비스를 제공해야 한다.
- 콘텐츠를 소비하면서도 자산관리 옵션이 제시되어야 한다.
- 교통과 이동, 심지어 배달 서비스 안에도 보험과 정산이 통합돼야 한다.

모든 산업이 고객의 일상에서 더 많은 역할을 하려는 상황에서, 금융은 필연적으로 기능이 된다. 바로 여기서, 은행의 기능을 외부 서비스에 유연하게 삽입할 수 있는 BaaS 구조가 작동한다.

과거엔 업종이 곧 전략이었다. 이제는 고객의 '생활 흐름'을 중심에 둔 경험 설계가 전략이 된다. 이 흐름 속에서 금융은 독립된 산업이라기보다 다른 산업에 스며들며 가치를 높여주는 촉매제가 된다. 그리고 그 스며듦을 가능하게 만든 구조적 설계가 바로 BaaS다.

[2]
쿠팡·카카오 같은 기업들이 금융에 뛰어드는 이유

금융은 면허의 세계였다.[5] 예금, 대출, 보험, 투자 등 이 모든 행위는 인가받은 금융기관만이 다룰 수 있었고, 외부 기업이 이 영역에 손을 대는 것은 불가능에 가까웠다. 하지만 지금은 달라졌다. 이제 금융은 누구나 '원할 수 있는' 산업이 되었고, '원하지 않으면 뒤처지는' 산업이 되기까지 했다. 왜 비금융사는 금융을 원할까?

첫째, 고객 접점을 유지하기 위해서다. 디지털 플랫폼은 이미 고객의 생활을 장악하고 있다. 쇼핑, 이동, 콘텐츠, 검색, 예약 등 모든 순간에 플랫폼이 존재한다. 이제 이들은 상품을 연결하는 것을 넘어 고객의 지갑까지 이어진다. 결제 기능은 기본이 되었고, 구매 후 할부나 BNPL선구매 후결제, 보험 가입, 적금 추천, 신용관리까지도 직접 서비스 흐름에 심기 시작했다. 고객 입장에서 보면, 쿠팡에서 대출을 받고, 네이버페이에서 보험을 들고, 카카오 등에서 투자하는 일은 전혀 이상하지 않다. 이제 금융은 업종의 문제가 아니라 고객 경험의 일부가 되었기 때문이다.

둘째, 데이터를 확보하고 수익 모델을 확장하기 위해서다. 금융 서비스는 반복적이고 정기적인 이용을 유도하기 때문에, 사용자의 신용, 소비 성향, 미래 예측 데이터를 자연스럽게 쌓을 수 있다.

- 결제를 하면 소비 패턴이 보인다.
- 적금을 들면 자산 계획이 보인다.
- 보험을 들면 건강과 위험 인식을 파악할 수 있다.

이러한 금융 데이터를 확보한 플랫폼은 더욱 개인화된 추천, 정교한 마케팅, 안정적인 수익 구조를 설계할 수 있다. 결국 플랫폼은 금융을 통해 데이터도, 관계도, 수익도 강화하는 셈이다.

셋째, 자체 금융 수익을 창출하기 위해서다. 플랫폼은 더 이상 수수료나 광고로만 버틸 수 없다. 사용자당 수익LTV을 높이려면, 금융이라는 고관여 고수익 모델을 반드시 끌어와야 한다.

쿠팡은 자사 셀러를 위한 대출과 광고비 정산을 통해 금융을 접목했다.
네이버는 포인트, 보험, 투자, 결제를 통해 사용자 재방문과 매출을 증폭시켰다.
카카오는 금융 계열사를 통해 메신저-결제-투자의 풀 사이클을 완성했다.

이들은 공통적으로 '고객이 있는 곳에 금융을 붙이는' 전략을 택했다. 이 전략의 실현을 가능하게 만든 것이 바로 BaaS다. 금융은 이제 '면허를 가진 자'가 아니라 '고객을 가진 자'가 먼저 접근한다.[6] 그리고 이 흐름 속에서 비금융사는 더 이상 금융의 바깥에 있지 않다. 오히려 금융의 문 앞에 가장 가까이 서 있는 존재가 되었고, 은행은 플랫폼으로 들어가는 법을 배워야 하는 시대가 왔다.

쿠팡, 이커머스가 금융을 품은 방식

쿠팡은 금융회사가 아니다. 대한민국 최대의 이커머스 플랫폼, 물류 혁신의 아이콘, 빠른 배송의 대명사다. 그러나 빠르고 편리한 쇼핑 경험 안에 금융이 자연스럽게 녹아든 것은 꽤 이른 시점부터 시작됐다.

첫 번째 금융 진입은 '판매자 정산 시스템'이었다. 쿠팡은 오픈마켓과는 다르게 자체 풀필먼트 시스템을 운영하며, 직매입과 마켓플레이스를 병행해왔다. 판매자 입장에서 가장 중요한 문제는 얼마나 빨리 정산해주는가였고, 쿠팡은 이 문제를 금융적 기능으로 해결했다. 판매자가 매출을 올리자마자 자금을 조기에 회수할 수 있도록 해준 것이다.

이는 단순한 정산 기능처럼 보일 수 있지만, 사실상 쿠팡이 은행처럼 자금을 '앞당겨 빌려주는 구조'를 만든 것이다.[7] 판매자는 대출 없이도 유동성을 확보하고, 쿠팡은 판매자의 충성도를 높일 수 있었다.

두 번째 금융 확장은 '쿠페이Coupay'였다. 초기엔 간편결제 시스템으로 시작했지만, 이제는 포인트, 할부, 자동결제, 신용카드 연동, 심지어 자체 선불 충전까지 가능해졌다. 일부 정기배송 상품은 BNPL 형태로 소비자에게 제공되고 있으며, 사용자는 무의식중에 쿠팡을 통해 금융을 경험한다.

무엇보다 중요한 건 쿠팡은 은행이 아니라는 점이다. 하지만 쿠팡 안에서 이루어지는 모든 금융 행위는 은행 못지않게 고객 데이터를 쌓고 고객과의 관계를 강화하는 도구로 작동한다. 이 흐름의 바탕에는, 쿠팡이 직접 금융사를 차릴 필요 없이 외부 금융사의 기능을 유연하게 연결한 BaaS 구조가 있다. 판매자와 소비자 모두에게 '쿠팡 안에서 충분하다'는 인식을 심어주는 구조 안에서, 금융은 쿠팡의 전략을 보완하는 도구로 자연스럽게 자리 잡았다.

SSG.COM, 이커머스가 금융을 품은 방식

SSG.COM은 이제 상품을 파는 플랫폼이 아니라, 고객의 지갑을 설계하는 플랫폼이 되었다. 전통 유통 대기업의 온라인몰로 출발했지만, 지금의 SSG는 온라인 쇼핑만으로는 설명되지 않는다. 결제부터 멤버십, 카드, 통장까지 고객의 소비 여정에 금융을 유기적으로 녹여내며, 경험 전체를 통제하는 플랫폼으로 진화하고 있다. 그 중심에는 SSGPAY쓱페이, 현대카드와의 협업으로 탄생한 SSG.COM PLCC전용 카드, 그리고 KB국민은행과 함께 선보인 쓱KB통장이 있다.

SSGPAY는 신세계그룹의 자체 간편결제 시스템이다. 하지만 이 서비스는 결제를 빠르게 처리할 뿐 아니라, 금융을 고객 경험에 자연스럽게 내재화하는 구조적 장치다. 사용자는 신용카드, 체크카드, 계좌이체, 포인트, 상품권 등 다양한 수단을 등록해두고, 상황에 따라 가장 유리한 조합을 선택하거나 자동 추천받을 수 있다. 할인 혜택은 자동으로 적용되고, 포인트는 결제 후 바로 적립·차감된다. 결제는 끝났지만, 사용자 입장에서는 "금융을 썼다"는 자각조차 없다. SSG PAY는 이렇게 결제 흐름 안에 혜택, 적립, 금융 기능을 통합한다.

이는 명백히 결제 UX의 혁신처럼 보일 수 있지만, 그 본질은 은행과 카드사의 기능을 SSG의 플랫폼 흐름 속으로 '숨겨 넣은 것', 즉 BaaS 기반 금융 내재화의 실현이다.

현대카드와 손잡고 만든 SSG.COM PLCC는 SSG를 더 자주, 더 오래 쓰게 만들기 위해 금융 혜택을 설계한 구조적 도구다.[8] 이마트, 신세계백화점, 스타벅스, SSG.COM 등 신세계 유통 전반에서 최대 7% 적립과 다양한 할인 혜택을 제공하고, 특정 브랜드 상품에 한해서는 자동 할인 적용도 가능하다. SSGPAY에 연동되면, 포인트 적립과 자동 청구할인이 한 번에 처리된다. 사용자는 혜택이 좋은 카드라고만 생각할 수 있지만, 이 카드는 실제로 SSG라는 플랫폼 안에 고객을 고정시키는 강력한 로크인Lock-in 장치다. 중요한 건 이 카드의 운영 주체가 현대카드라는 점이다. 카드 발급, 정산, 위험 관리는 금융사가 담당하지만, 고객의 경험은 SSG.COM의 일부로 인식된다. 이 역시 BaaS적 관점에서 보면, 금융 기능은 공급자에 남아 있고, 경험의 소유권은 플랫폼이 가져간 구조다.

가장 최근의 변화는 더욱 상징적이다. SSG는 2025년 4월, KB국민은행과 손잡고 '쓱KB은행 파킹통장'을 출시한다고 밝혔다.[9] 표면적으로는 예치금 관리 기능이지만, 그 실체는 쇼핑 플랫폼 안에서 예금 서비스를 제공하는 BaaS형 임베디드 금융 모델이다. 고객은 SSG MONEY선불 충전금을 쓱KB통장에 연결해 필요한 만큼 충전하고, 나머지는 예치 상태로 보관한다. 예치금에는 1일 단위 이자 수익이 붙고, 원한다면 출금이나 결제 시에 즉시 활용할 수 있다. KB은행이 제공한 금융 기능이지만, 고객은 이 통장을 SSG.COM의 자산관리 기능처럼 인식한다. 이 상품은 금융 규제 샌드박스의 특례를 받은 혁신금융서비스로, 실질적으로는 은행의 기능이 플랫폼 UX에 완전히 들어온 사례다.

SSG.COM이 구현한 이 구조는 단순한 결제 편의성이나 제휴 마케팅의 수준을 넘는다. 결제SSGPAY, 카드 혜택PLCC, 예치금 통장KB 연동까지, 모든 금융 기능이 'SSG의 경험'으로 내재화되었다. 고객은 은행 앱을 켜지 않아도 금융 서비스를 이용한다. 은행과 카드사는 기능을 제공하지만, 경험의 전면은 플랫폼이 소유한다. 이것이 바로 BaaS 구조가 플랫폼 안에서 작동하는 방식이며, SSG.COM은 이를 가장 안정적으로 실현한 국내 이커머스 사례 중 하나다.

카카오, 일상 속 금융을 설계하다

카카오는 플랫폼 그 자체다. 국민 메신저에서 시작해, 쇼핑, 콘텐츠, 모빌리티, 뷰티, 게임, 뉴스, 뱅킹, 투자, 보험까지 거의 모든 일상과 접점을 지닌 거대한 생태계다. 이 광대한 생태계 속에 금융은 핵심 축 중 하나가 되었다.

그 흐름의 시작은 카카오페이였다. 처음에는 송금이었다. 카카오톡 친구에게 메시지를 보내듯 돈을 보내는 경험은, 기존 금융이 갖지 못했던 감성과 편의성을 동시에 제공했다. 금융을 기술이 아닌 일상의 언어로 번역해낸 순간이었다.

이후 카카오는 신용조회, 청구서 납부, 인증서, 간편결제, 투자, 보험 등으로 금융 영역을 확장했다. 사용자는 카카오톡 안에서 카드 추천을 받고, 자동이체와 정기결제를 설정하며, 카카오페이증권을 통해 투자 리포트를 받아본다. 가장 흥미로운 부분은 카카오에서의 금융은 '금융처럼 보이지 않는다'는 사실이다. 사용자는 금융 앱을 켜지 않은 채 메신저 안에서 자연스럽게, 거부감 없이 금융을 경험한다. 이것이 바로 금융의 '내재화'이며, 그 배경엔 BaaS를 통해 확보한 외부 금융 기능 연결이 있다.

카카오뱅크, 카카오페이, 카카오페이증권 등은 각기 다른 금융 라이선스를 기반으로 움직이지만, 고객은 이를 하나의 흐름 속에서 경험한다. 그리고 이 통합된 흐름을 설계하고 전달하는 주체는 은행이 아니라 플랫폼인 카카오다. 카카오는 이를 통해 고객의 금융 습관을 관찰하고, 사용자당 금융 수익을 극대화하며, 다른 어떤 금융 앱보다 자주, 깊게, 오래 고객과 연결되는 데 성공했다.

TMAP×DB손해보험, 이동의 데이터를 보험으로 전환하다

플랫폼과 금융이 만나는 지점은 결제만이 아니다. 이동, 주행, 행동 데이터 자체가 곧 금융 조건이 되고, 가격이 되며, 신뢰가 된다. 그 구조를 가장 명확하게 보여주는 사례가 바로 T맵과 DB손해보험의 '운전습관 보험 연동 모델'이다.[10]

운전자가 길 안내를 받거나 실시간 교통 상황을 보기 위해 T맵을 켜면, 출발할 때 앱을 실행하고 목적지에 도착할 때까지 켜둘 것이다. 하지만 그 과정에서, T맵은 주행거리, 급가속, 급제동, 핸들 조작 등의 데이터를 수집한다. 이 정보는 어디로 갈까? DB손해보험과 연동된 시스템으로 자동 전송되어, 운전자의 습관을 점수화하고 보험료 할인에

○ 출처: DB블로그, 빅데이터를 활용한 보험 혁신

반영한다.

예: 주행거리 짧고 급제동이 적은 운전자=안전운전자로 간주한다.

최대 10~13%까지 보험료가 할인된다.

사용자는 앱에서 실시간 점수를 확인하고, 보험료 할인 현황을 시각적으로 피드백 받는다.

DB손해보험은 여전히 보험 계약의 주체이지만, 보험이라기보다는 T맵에서 제공하는 안전운전에 따른 할인 제휴 상품으로 인식한다. 보험사 이름보다 먼저 떠오르는 건 운전 점수이고, 할인율 시뮬레이션도 모두 T맵의 UI 안에서 이뤄진다. 이것은 BaaS의 전형적 구조다. 기능은 보험사가 공급하지만, UX는 플랫폼이 소유하는 것이다.

이 구조의 진짜 혁신은 보험료 할인이 아니다. 운전이라는 행동 자체가 금융 조건으로 전환된다는 데 있다.

주행 거리 → 자동차보험 기본료 조정

급제동/급가속 → 사고 위험 예측

야간 주행 비중 → 운전자 피로 및 리스크 측정

주행 중 스마트폰 사용 여부 → 집중도 분석

이는 기존 금융의 고정된 리스크 모델을 깨뜨리고, 실시간 행동 데이터를 기반으로 동적인 금융상품 설계를 가능하게 만든다. 보험은 더 이상 과거 이력에 따라 가격이 정해지지 않으며, 현재의 행동이 곧 가격을 형성한다. 그리고 이 흐름을 설계하고 고객 경험 안에 녹여낸 것이 모빌리티 플랫폼이다.

카카오모빌리티, '이동'이라는 흐름 속에 금융을 녹여내다

카카오모빌리티는 한때 '카카오택시'로 불리던 호출 플랫폼에서 출발했다. 하지만 지금은 그 이름만으로 설명할 수 없다. 택시, 대리운전, 내비게이션, 바이크, 주차, 전기차 충전, 심지어 시외버스 예매까지, 이동이라는 모든 경험의 흐름을 플랫폼 안에 통합하고 있다. 그 흐름 위에 금융이 조용히 삽입됐다.

대표적인 사례는 대리운전 보험의 자동 가입 구조다. 카카오모빌리티는 현대해상, 삼성화재 등과 제휴해 대리운전 기사들에게 운행 중 보험을 자동으로 적용한다.

보험 가입은 기사 앱에서 '설정' 없이 자동 적용된다.
호출이 시작되면 보험이 켜지고, 종료되면 자동 해제된다.
사용자는 기사의 보험 상태를 따로 확인할 필요도 없다.

이 구조는 기사 보호를 위한 보험이지만, 더 나아가 금융이 계약이 아니라 기능으로 작동하는 구조를 보여준다. 카카오모빌리티는 이용자 대상 '모빌리티 특화 보험'을 확대하고 있다. T맵과 마찬가지로 카카오내비 사용 데이터를 기반으로 맞춤형 자동차보험 요율을 추천하고, 이동 거리, 운전 시간, 급제동 등의 데이터를 점수화하여 '안전운전자 전용 할인 상품'을 제공할 예정이다. 택시 이용 중 사고가 발생했을 때 적용되는 승객 안심 보험에 자동 가입하는데, 이용자는 보험 가입을 인식하지 못하지만 보상 처리는 앱 내에서 바로 확인 가능하다. 이처럼 고객이 보험을 선택하는 것이 아니라, 이용한다는 사실만으로도 보험이 동작하는 구조가 형성된다.

카카오모빌리티는 카카오페이와의 통합을 통해 금융 UX를 한층 더 일상화시켰다. 택시비를 자동결제하면 포인트가 적립되고, 대리운전비는 자동으로 계산되어 실시간으로 정산되고, 기사 수익 정산을 위한 주 3회 지급 서비스도 도입했다. 이는 단순히 결제 편의를 높이기 위해서가 아니라, 이동 행위 자체가 금융 흐름을 자동으로 호출하는 구조다.

카카오모빌리티가 지금 테스트 중인 모델은 운전 데이터 기반 금융상품 추천이다. 이동/주행 데이터를 토대로 신용 점수를 예측하거나, 자동차 할부 금리·보험료·대출 조건에 차등을 두는 구조다. 이는 보험을 넘어 금융 전반을 이동 행동 기반으로 재구성하겠다는 전략이다. 데이터는 플랫폼이 쌓고, 금융사는 기능만 제공하며, UX는 카카오가 설계한다.

카카오모빌리티는 보험을 자동으로 포함시키고, 결제를 흐름 속에 녹이고, 정산과 수익 흐름까지 통제하며, 이동이라는 일상 위에 금융을 내재화하고 있다. 사용자는 보험에 가입하지 않는다. 그저 앱을 쓰고 움직일 뿐이다. 그리고 그 안에서 보험은 작동하고, 금융은 설계된다. 이것이 바로 모빌리티 기반 BaaS의 현실화된 모습이며, 카카오모빌리티는 이 구조를 이용자와 기사 모두에게 구현한 플랫폼이다.

(3)
은행은 어떤 기회를 잡을 수 있을까?

오랫동안 은행은 금융 생태계의 중심이었다. 지점망, 브랜드, 라이선스, 상품 구성, 이율 등 모든 것이 은행의 권위와 안정성을 상징했고, 고객은 은행을 직접 찾고, 앱을 설치하며, 상품을 비교하고 가입했다. 하지만 이제 고객은 더 이상 은행을 찾지 않는다. 고객은 플랫폼에 있고, 은행은 플랫폼 바깥에 있다. 이는 단순한 UI나 편의성의 문제가 아니다. 은행의 중심성이 구조적으로 흔들리고 있다는 뜻이다.

은행은 전통적으로 이자 수익을 핵심 수익원으로 삼았다. 대출 이자와 예금 금리의 차이예대마진는 은행이 안정적으로 수익을 내는 구조였다. 하지만 저금리·저성장 시대가 길어지면서 이 구조는 한계에 부딪혔다. 시장 금리에 민감하게 흔들리는 수익, 금융당국의 정책 규제, 그리고 금리 경쟁에 따른 고객 이탈까지 겹치면서 더 이상 예대마진만으로 안정적인 수익을 보장받기가 어려워졌다.

더 큰 문제는 고객이 머무는 곳이 은행이 아니라는 점이다. 사용자는 카카오톡에서 송금하고, 네이버에서 보험을 비교하며, 쿠팡이나 SSG.COM에서 결제와 정산, 할부를 경험한다. 심지어 카카오뱅크, 토스와 같은 디지털금융 플랫폼은 기존 은행보다 먼저 사용자의 스마트폰에 자리 잡았다. 기존 은행 앱은 다운로드 수는 많지만, DAU 일간 활성 사용자 수는 낮고, 고객이 자산 관리를 위해 능동적으로 찾지 않는 채널이 되어버렸다. 은행에서 상품을 파는데, 고객의 주도권은 플랫폼이 쥐고 있는 상황인 것이다.

이 상황에서 은행이 선택할 수 있는 전략은 두 가지다. 하나는 스스로 플랫폼이 되는 것, 다른 하나는 플랫폼의 뒤편으로 들어가는 것이다. 스스로 플랫폼이 되는 것은 쉽지 않다. UI/UX 설계, 고객 커뮤니케이션, 콘텐츠 설계 등 은행이 익숙하지 않은 영역을 감당해야 한다.

그래서 많은 은행은 두 번째 전략을 택했다. 금융 기능을 분리해서 플랫폼에 API 형태로 제공한 것이다. 은행은 이제 백엔드가 되어 '서비스 제공자'로 존재하고, 플랫폼은 고객과의 경험을 설계한다. 이 구조를 가능하게 만든 것이 바로 BaaS다.

은행은 금융 인프라를 이미 보유하고 있다. 계좌, 인증, 지급결제, 여신, 리스크 관리, 규제 대응 등 플랫폼이 직접 감당하기 어려운 금융 기능들을 제공할 준비가 되어 있다. BaaS는 이 인프라를 모듈화된 기능으로 바꿔서 플랫폼에 제공한다. 은행은 더 이상 최전선에서 고객을 유치하지 않고도, 플랫폼 안에서 기능을 통해 수익을 내는 구조를 갖췄다. 이전에는 고객을 많이 확보하는 것이 성공이었다면, 이제는 많은 플랫폼에 연결되는 것이 확장 전략이 된다. 은행은 '브랜드'보다 '연결성'으로 존재하는 것이다.

이 구조의 핵심은 은행이 보이지 않지만 더 많이 작동한다는 것이다. 플랫폼 안에 묻혀 있고 고객은 그 존재를 의식하지 않지만, 계좌 개설, 신용 조회, 자금 송금, 자동 정산, 투자 실행 등 모든 핵심 금융 기능은 여전히 은행이 제공하고 있다. 이는 은행으로선 위기이자 기회다. 전면은 잃었지만, 범용성과 확장성은 얻었다. 이제 은행의 경쟁력은 얼마나 많은 파트너와 연결되고, 얼마나 유연하게 기능을 내줄 수 있는지로 평가된다.

BaaS는 은행의 시대가 끝났다는 신호가 아니다. 오히려 은행은 스스로를 '서비스 인프라'로 재정의하며 새로운 방식으로 금융을 지키고 확장하는 전략을 택했다. 플랫폼이 전면을 차지할수록, 기능을 제공하는 은행의 중요성은 더 커진다. 이제 중요한 건, 고객이 앱에서 어떤 은행을 사용하는지가 아니라 어떤 플랫폼 안에 은행이 숨어 있는가다.

— 03 —

해외는 어떻게 바뀌고 있을까?

BaaS라는 개념은 더 이상 생소하지 않다. 은행이 플랫폼에 들어가고, 플랫폼은 금융을 기능처럼 탑재한다. 사용자는 금융상품을 '선택'하지 않고, 일상의 흐름 속에서 자연스럽게 '얻는다'. 금융은 사라지고, 경험만 남는다. 지금 우리가 마주한 이 변화는 한국에서만 일어나는 일이 아니다. 오히려 가장 먼저 이 변화를 실현한 건, 금융의 심장부로 여겨졌던 글로벌 시장이다. 그들은 먼저 질문을 던졌고, 먼저 구조를 만들었으며, 먼저 수익을 창출하고 있다.

왜 골드만삭스는 소비자를 직접 상대하기 시작했을까? 왜 애플은 신용카드 사업에 진입하면서 은행을 품었을까? 왜 유럽의 전통 은행은 통신사와 손을 잡았고, 플랫폼을 거치지 않고 API 시장에 직접 진출했을까? 그리고 왜 미국의 스타트업들은 '연결' 자체를 비즈니스로 삼았을까? 이 모든 질문은 결국 하나의 흐름으로 수렴된다. 금융은 이제 무대 전면에서 물러나 '백엔드 인프라'로 이동하고 있다는 사실

말이다. 그 변화의 흐름을 가장 선명하게 보여주는 것이 바로 지금 우리가 살펴볼 글로벌 BaaS 사례들이다.

한국에서는 아직 낯설게 느껴질 수 있는 BaaS라는 구조가 해외에서는 이미 경쟁력의 핵심이자 플랫폼 성장의 촉매로 자리 잡고 있다. 그리고 그 구조는 기술의 문제가 아니라, 전략과 파트너십, 산업 간 연합을 바탕으로 작동한다. 앞에서 금융이 플랫폼으로 스며드는 이유를 살펴보았고, 왜 비금융사들이 금융을 원하게 되었는지, 기존 은행들이 어떤 방식으로 방향을 틀고 있는지도 짚어봤다. 이제는 그 구조가 어디에서, 어떻게 현실이 되었는지, 실제 사례 속에서 어떤 방식으로 작동하고 있는지 확인해보자.

애플과 골드만삭스의 동맹을 통해 테크기업이 어떻게 금융을 구현했는지, 피도르은행Fidor Bank과 텔레포니카Telefónica의 협업을 통해 은행이 플랫폼을 향해 어떻게 진화했는지, 그리고 API 연결자 플래이드Plaid의 사례를 통해 은행과 플랫폼 사이의 경계가 어떻게 무너졌는지를 살펴볼 것이다. 이 세 가지 사례는 참고할 만한 모델을 넘어 이미 현실이 된 미래의 구조를 보여주는 창이다. 그리고 그 창 너머에, 한국형 BaaS의 가능성이 있다.

(1)
애플과 골드만삭스가 만든 카드 이야기

○ 출처: 애플 공식 뉴스룸(2019. 3. 25.)

2019년, 애플은 미국에서 '애플카드Apple Card'라는 신용카드를 출시했다.[11] 금융상품이는 테크 기업과 투자은행의 동맹이라는 점에서, 그리고 그 파트너가 다름 아닌 골드만삭스라는 점에서, 이 프로젝트는 시장 전체에 묵직한 질문을 던졌다. "왜 애플은 신용카드를 만들었을까?" "왜 골드만삭스는 소비자 금융에 진입한 것일까?"

애플은 금융을 판 것이 아니었다. 그들은 '경험'을 설계했다. 애플카드는 실물 카드 없이도 발급이 가능하고, 모든 발급, 결제, 혜택 관리, 리포트 확인은 아이폰 월렛iPhone Wallet 앱 안에서 완결된다. 전통적인 카드사가 제공하던 복잡한 절차, 난해한 약관, 불편한 콜센터 경험은 애플카드에는 없다. 대신 실시간 사용 알림, 소비 카테고리별 자동 정리, 명확한 이자 시뮬레이션과 투명한 상환 안내가 세련되고 깔끔한 UI 안에서 작동한다. '금융 UX'라는 말이 처음으로 기술과 감각의 결합으로 구현된 순간이었다. 애플은 그저 신용카드를 제공한 것이 아니라, 금융이라는 기능을 사용자 경험 속에 녹여낸 플랫폼을 만든 셈이었다.

이때 골드만삭스는 모든 금융적 실체를 담당했다. 신용 심사, 한도 설정, 리볼빙 운영, 리스크 관리, 정산 시스템까지, 애플카드라는 서비스의 '은행 역할'을 맡은 주체는 명백히 골드만삭스였다. 하지만 놀라운 건, 서비스의 전면에는 골드만삭스가 등장하지 않았다는 사실이다. 카드 디자인에는 골드만삭스 로고가 없었고, 앱 화면에서도 사용자가 인지할 수 있는 은행 브랜드는 거의 보이지 않았다. 모든 관계는 애플을 중심으로 형성되었고, 골드만삭스는 기능만 제공하는 백엔드 파트너로 존재했다. 이는 단순한 브랜드 전략이 아니었다. 바로 BaaS의 구조가 실현된 사례였다. 은행은 서비스를 구성하는 기능 단위로 분해되어 플랫폼 내부의 흐름 안에 조용히 스며들었다. 사용자는 더 이상 금융회사를 직접 찾지 않고, 플랫폼 안에서 필요한 금융을 경험만으로 소비한다.

골드만삭스는 왜 이 구조를 받아들였을까? 그들은 오랫동안 기업 고객, 초고액 자산가, 투자기관을 대상으로 하는 월스트리트의 대표적인 투자은행이었다. 소비자 금융은 그들의 본업이 아니었고, 그들에게 익숙한 영역도 아니었다. 하지만 글로벌 금융 시장은 저성장과 규제 강화, 고객 다변화 요구로 인해 전통적인 은행 수익 모델이 흔들렸다. 골드만삭스는 새로운 시장으로 어떻게 확장할지 고민했고, 그 결과 등장한 것이 디지털 금융 브랜드 '마커스Marcus'였다. 애플카드는 그 전략의 첫 결실이었다.

자체적으로 소비자 금융 플랫폼을 키우기보다는, 이미 수천만 명의 충성 고객을 보유한 플랫폼 안에 자신들의 금융 기능만 모듈화하여 공급하는 전략을 택한 것이다. 이는 기술 개발과 리스크 부담은 유지하되 UX와 고객 소유권은 플랫폼에 넘기는 구조였고, 결과적으로 양쪽 모두에게 효율적인 방식이었다.

이 협업에서 가장 중요한 지점은, 사용자가 은행을 인식하지 않아도 금융이 작동한다는 것이다. 애플카드를 쓰는 고객은 골드만삭스를 인지하지 않는다. 심지어 '나는 은행을 이용하고 있다'는 자각조차 없다. 모든 것은 애플이라는 브랜드와 그 안에서 제공되는 경험으로만 기억된다. 하지만 시스템 깊숙한 곳에서는 여전히 금융사의 기능이 작동 중이다. 이 구조는 기존의 금융 서비스가 전면에 등장하던 방식과는 본질적으로 다르다.

애플카드는 '카드 산업에 진출한 애플의 실험'을 넘어선다. 그보다 더 본질적으로, 금융이 플랫폼으로 들어가는 방식, 그리고 은행이 브랜드가 아닌 백엔드 인프라가 되어가는 현실을 보여주는 사례였다. 사용자가 인식하지 않아도, 브랜드가 보이지 않아도, 금융은 플랫폼에서 작동할 수 있다. 그리고 이 모든 구조를 설계한 것이 BaaS다.

(2)
통신사가 만든 은행, 유럽의 사례

지금까지 우리는 플랫폼이 금융을 품는 구조를 살펴봤다. 애플과 골드만삭스의 사례처럼, 플랫폼이 전면에서 사용자 경험을 주도하고, 은행은 기능만 제공하는 BaaS 모델이 그 전형이었다. 그렇다면 은행이 스스로 플랫폼처럼 진화할 수는 없을까? 금융사가 기능을 내주는 것이 아니라, 자체적으로 플랫폼 생태계를 구축해 외부 기업들이 자신에게 연결되도록 만들 수는 없을까? 독일의 피도르은행은 바로 그 반대 흐름을 보여준 은행이었다. 이들은 플랫폼에 들어가기보다, 스스로 플랫폼이 되기로 결정했다.

피도르은행은 처음부터 '은행 같지 않은 은행'이었다 2009년, 독일에서 인터넷 전문은행으로 출범하면서, 오프라인 지점이 없고 모바일 기반 계좌 개설과 사용자 커뮤니티 중심의 운영을 강조하며 '고객 참여형 은행'을 표방했다. 하지만 이 은행의 진짜 전환점은, "API를 외부에 개방하겠다"라고 선언하면서부터 시작된다. 피도르은행은 금융 API를 패키지 형태로 모듈화했고, 이를 '피도르 오픈 뱅킹 플랫폼'이라는 이름으로 외부 기업에 제공했다. 계좌 개설, 대출 신청, 송금, 결제, 잔액 조회, 신원 인증 등 은행이 보유한 핵심 기능들을 외부 개발자와 기업이 API 형태로 사용할 수 있게 만든 것이다. 피도르는 자신이 주체가 되어 BaaS 생태계를 열어간 첫 번째 은행 중 하나였다.

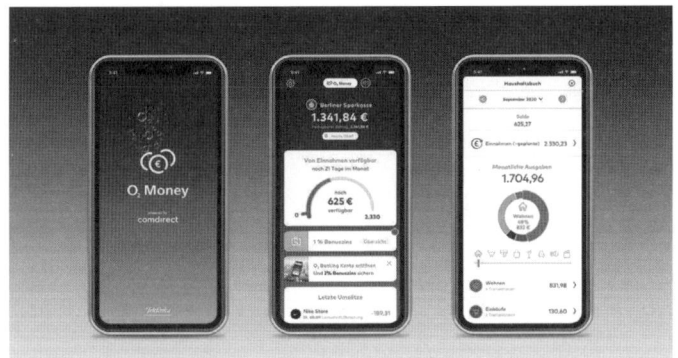

○ 출처: O2, Germany

이러한 구조를 실현하는 과정에서 피도르은행은 스페인 통신사 텔레포니카와 손을 잡았다.[12] 텔레포니카는 남미와 유럽에 걸쳐 수억 명의 가입자를 보유한 글로벌 통신 기업이다. 이들은 모바일 기반 금융 서비스를 자체적으로 제공하고 싶었지만, 은행 라이선스나 금융 기능은 갖고 있지 않았다. 여기서 피도르의 역할이 작동했다. 텔레포니카는 피도르의 API를 활용해 모바일 결제, 송금, 통장 기능을 자체 앱 안에서 구현할 수 있었다. 하지만 사용자 입장에서 보이는 것은 오직 텔레포니카였다. 금융이 작동하고 있지만 은행은 보이지 않는 것이다. 피도르는 은행이었지만, 사용자 경험에는 등장하지 않는 구조를 택했다.

이 협업은 플랫폼이 금융을 흡수한 사례가 아니라, 은행이 플랫폼을 개방하고 외부 기업이 은행으로 연결된 구조였다. 전통적인 은행이 내부 시스템을 폐쇄적으로 운영해온 것과는 완전히 다른 발상이다. 피도르의 전략은 간단했다. "은행 기능은 우리가 제공할 테니, 당신들 플랫폼 기업은 고객 경험을 설계하라." 이 구조라면 은행은 더 이상 전면에 나서지 않아도 되었고, 대신 수많은 기업과의 연결성을 확보하면서 수익의 범위를 확장할 수 있었다.

피도르은행은 IT기업이 아니었다. 하지만 그들은 '은행의 기술화'가 아니라, '은행의 역할 전환'이라는 전략적 전환을 시도한 것이었다. 인터넷은행으로 편리함만 강조한 것이 아니라, 은행이라는 인프라가 더 많은 기업과 연결되고 고객 접점은 외부 플랫폼에 넘기더라도 본질적 금융 기능은 은행이 제공한다는 구조를 만들었다. 이는 BaaS가 스타트업이나 테크기업의 전유물이 아니라, 기존 은행이 스스로를 전환해 실현할 수 있는 모델이라는 사실을 보여준다.

피도르은행의 사례는 무엇을 보여주는가? 은행도 플랫폼이 될 수 있다는 것이다. 플랫폼이 금융을 흡수하는 것처럼, 은행이 자신을 API 공급자로 전환하는 방식도 존재한다. 사용자와의 관계를 모두 흡수하지 않더라도, 기능의 소유권을 유지하며 플랫폼과 공존할 수 있다. 이것이 피도르은행이 BaaS를 주도했다고 평가받는 이유다. 그들은 금융을 지키는 방식 대신, 금융을 나누고 연결하는 방식을 선택했다. 그리고 그것이 은행을 플랫폼으로 바꾸는 전략이 될 수 있음을 증명했다.

[3]
API 연결자, 플래이드의 역할은?

은행과 플랫폼이 연결되는 시대다. 한쪽은 수십 년간 쌓아온 금융 인프라를 갖고 있고, 다른 한쪽은 수천만 사용자의 행동 데이터를 쥐고 있다. 두 세계가 연결되면 분명 새로운 기회가 열리겠지만, 그 사이에는 기술적·규제적·운영적 간극이 존재한다. 그 간극을 메우는 자, 은행과 플랫폼을 실제로 연결 가능한 상태로 만드는 인프라, 바로 이 역할을 수행하는 기업이 있다.

그 대표적인 사례가 플래이드다. 플래이드는 금융기관이 아니지만, 사용자를 직접 상대하는 플랫폼도 아니다. 그런데도 오늘날 미국과 유럽에서 수많은 핀테크 앱과 플랫폼들이 금융 기능을 구현할 수 있게 만든 배경에는 플래이드의 API 인프라가 있다. 가령 사용자가 '로빈후드' 앱에서 투자 계좌를 개설하려 할 때, '베터먼트'에서 연금 상품에 가입하려 할 때, '코인베이스'에서 암호화폐를 매수하려 할 때, 모두 플래이드의 연결 기술을 통해 본인의 은행 계좌와 자산 정보가 연동된다. 플래이드는 은행과 플랫폼을 연결해주는 미들웨어Middleware로서, 사용자 인증, 계좌 연결, 금

○ 출처: Plaid docs

융 데이터 추출, 신원 확인, 거래 내역 동기화 등 BaaS 구조의 필수적인 백엔드 작업을 맡고 있다.

기존 은행 시스템은 폐쇄적이었다. 각 은행은 저마다 다른 데이터 포맷, 보안 체계, 인증 절차를 운영했고, 외부 기업이 직접 API를 통해 연결하기에는 기술 장벽과 규제 리스크가 너무 높았다. 플래이드는 이 문제를 해결했다. 은행과의 기술 연결을 미리 표준화하고, 외부 플랫폼은 플래이드의 API만 연결하면 수많은 은행의 기능을 호출할 수 있게 만들었던 것이다. 이렇게 플래이드는 복잡한 금융 백엔드를 API 하나로 연결할 수 있는 상품으로 바꾸었다. 이로써 은행은 고객 데이터를 유연하게 공유하고, 플랫폼은 빠르고 안전하게 금융 기능을 탑재할 수 있다.

BaaS는 플랫폼과 은행이 직접 연결된다고 해서 완성되는 구조가 아니다. 실제로 작동하려면, 그 사이에 인증을 관리하고, 데이터를 가공하고, 규제를 준수하며, 금융 정보를 API로 표준화하는 기술적 기반이 필요하다. 플래이드는 그 기반을 만든 기업이다. 'API 연결자'라는 이름은 단순해 보이지만, 실제로는 BaaS 구조를 시장 전체에 확산시키는 기폭제 역할을 했다.

2020년, 비자VISA는 플래이드를 53억 달러에 인수하겠다고 발표했다. 세계 최대 결제 네트워크 기업과 금융 API 연결자의 만남이었다. 하지만 이 인수는 미국 법무부의 반독점 제재로 무산되었다.[13] 그 이유는 명확했다. 플래이드가 이미 수많은 핀테크 서비스의 기반 인프라가 되었기 때문이다. 비자가 플래이드를 흡수하면, 결제 시장은 물론이고 금융 데이터 시장 전체의 중립성과 경쟁 구조가 위협받는다고 본 것이다. 이 일은 결과적으로 플래이드의 존재 의미를 더욱 명확하게 보여줬다. 플래이드는 누군가가 소유할 수 있는 회사가 아니라, 모든 플랫폼이 의지하는 공공적 연결자로서 BaaS 구조의 중심에 있었다.

사용자는 플래이드라는 이름을 기억하지 않는다. 앱 하단의 '계좌 인증 powered by Plaid'라는 문구는 스쳐 지나갈 뿐이다. 하지만 실제로는 모든 금융 흐름을 가능하게 만든 주체가 플래이드다. 은행은 API를 제대로 구축하지 않아도 되고, 플랫폼은 금융사를 일일이 설득하지 않아도 된다. 사용자는 빠르게 계좌를 연결하고, 금융 기능을 앱 안에서 바로 쓸 수 있다. 플래이드는 BaaS 생태계에서 플랫폼과 은행을 기술적으로 수렴시키는 역할을 맡고 있다. 그들은 가장 앞에 나서지 않지만 모든 흐름의 중간에 존재하며, 금융을 실제로 움직이게 만드는 구조를 만든다.

BaaS 생태계에는 세 가지 주체가 있다. 첫 번째 주체는 플랫폼이다. 플랫폼은 BaaS 구조의 전면을 담당한다. 사용자와 직접 만나는 위치에 있으며, 고객의 신뢰, 충성도, 이용 빈도를 바탕으로 금융이 들어갈 수 있는 '경험의 틀'을 만들어낸다. 대표적인 예로, 애플, 쿠팡, 카카오, 네이버, 토스, 카카오모빌리티 등이 있다. 고객은 플랫폼 안에서 금융을 '사용'하지만, '은행'이라는 존재를 자각하지 않는다. 플랫폼은 금융의 주체가 아닌 듯 보이지만, 실제로는 '고객의 지갑과 데이터 흐름'을 설계한다. 이들에게 금융은 목적이 아니다. 고객을 더 오래, 더 자주, 더 깊게 연결하는 수단이다. 그래서 플랫폼은 금융상품을 팔기보다, 금융을 흐름에 녹여낸다.

네이버페이 vs. 카카오페이 UX 통합 비교표

항목	네이버페이	카카오페이
주요 방향성	쇼핑·현장결제 중심, 네이버 생태계 연동	금융·송금·청구서 등 종합 금융 서비스 중심
홈 화면	결제 바코드와 잔액이 바로 노출, 쇼핑 연계 강조	하단 탭에서 결제, 송금, 투자 등 다양한 금융 기능을 한눈에 제공
주요 진입점	앱 실행 시 결제 바코드, 포인트, 머니 잔액 등 즉시 확인	하단 탭에서 결제, 송금, 투자 등 접근, QR 코드/바코드도 빠르게 노출
결제 UX	결제 바코드가 바로 보이며, 네이버 쇼핑과 연계된 결제 경험이 직관적	하단 탭에서 결제 기능에 빠르게 접근, QR 코드/바코드 즉시 노출
송금 UX	계좌번호 입력, QR 코드 등으로 가능하나 접근성이 다소 떨어짐	카카오톡 친구 목록과 연동, 소셜 송금 경험이 탁월하고 프로세스가 간소화됨
UI 스타일	네이버 서비스와 일관된 디자인, 정보량이 많아 복잡할 수 있음	카카오톡과 유사한 친근한 UI, 여백이 많고 직관적임
주요 인터랙션	카드형 UI, 포인트 적립 강조, 쇼핑 연계	바텀 시트, 엄지 존(Thumb zone) 활용, 큼직한 글씨와 일러스트
사용성	쇼핑 사용자에게 익숙, 결제·포인트 적립에 최적화	송금·금융 서비스에 익숙, 다양한 금융 기능을 한눈에 제공
혜택/부가 기능	포인트 적립, 네이버 쇼핑 연계 혜택, 결제 가능한 가맹점 지도 제공	송금, 청구서 납부, 멤버십, 투자 등 다양한 금융 서비스와 혜택 통합 제공
장점	쇼핑·현장결제에 최적화, 포인트 적립, 네이버 생태계 연동	송금·금융 서비스에 최적화, 직관적 UI, 카카오톡 연동
단점	정보량이 많아 복잡, 송금 등 금융 기능은 상대적으로 약함	쇼핑 기능은 미흡, 서비스가 많아 원하는 기능 찾기 어려울 수 있음

두 번째 주체인 은행은 BaaS 생태계의 백엔드에서 작동하는 실질적 공급자다. 계좌 개설, 송금, 대출, 신용평가, 여신 리스크 관리 등 규제를 기반으로 작동하는 복잡한 금융 기능을 보유하고 있으며, 플랫폼이 직접 감당하기 어려운 고도화된 인프라를 책임진다. 대표적인 예로 골드만삭스, 피도르뱅크, KB국민은행, 우리은행 등을 떠올리면 이해하기 쉽다. 금융의 기능과 신뢰를 제공하되, 사용자와의 관계는 플랫폼에 위임하는 경우가 많다. API로 기능을 제공함으로써 플랫폼과 확장 가능한 협력 구조를 만든다. 이들에게 BaaS는 새로운 수익원이다. 사용자를 직접 확보하지 않아도, 다양한 플랫폼과 연결되면 은행은 기능 사용료 기반의 반복 수익을 얻을 수 있다.

세 번째 주체는 연결자다. BaaS 생태계의 실질적 작동을 가능하게 만드는 존재가 바로 미들웨어다. 이들은 은행의 복잡한 API, 보안 시스템, 데이터 포맷을 플랫폼이 쉽게 호출하고 활용할 수 있도록 표준화, 중계, 인증 처리를 담당한다. 플래이드, MX, Tink가 대표적인 예로, 한국에서는 토스의 '앱투앱 인증 구조'도 이 역할을 일부 수행하며, 인증, 계좌 연결, 신원 확인, 거래 내역 연동 등 기술 기반 인터페이스를 제공하고 있다. 은행과 플랫폼이 일대일로 연결된 것이 아니라, 'N개의 은행'과 'N개의 플랫폼'을 빠르게 확장 가능한 구조로 만들어 준다. 연결자는 보이지 않는다. 하지만 모든 흐름을 가능하게 만드는 중간 계층으로서, 금융의 디지털화와 API 생태계의 확장을 실질적으로 구현한다.

플랫폼은 더 빨리 움직였다. 소비자와의 접점을 차지했고, 결제와 송금, 정산과 적립, 심지어 보험과 투자까지, 금융은 어느새 플랫폼의 경험 안에 자연스럽게 스며들었다. 하지만 그 흐름에는 늘 한 가지 물음이 따라붙는다. 그렇다면 은행은 무엇을 하고 있었을까? 전면은 플랫폼이 차지했지만, 은행은 여전히 규제, 신뢰, 인프라, 리스크 관리라는 금융의 핵심 기능을 지켜내고 있는 주체다. 그렇다면 기존 은행, 특히 스스로를 테크기업이라 말하기 어려운 '은행'들은 이 변화의 흐름 안에서 어떤 방향으로 움직이고 있을까?

한때 은행은 '고객을 보유한 채널'이었지만, 지금은 '기능을 공급하는 인프라'로 전환되고 있다.

플랫폼은 고객과 관계를 맺고, 은행은 그 플랫폼 안에서 기능을 제공하고 수익을 얻는다. 고객은 여전히 은행의 기능을 쓰고 있지만, 은행의 이름은 더 이상 기억하지 않는다. 이 구조는 위기처럼 보인다. 하지만 반대로 보면, 새로운 기회이기도 하다.

은행은 더 이상 플랫폼이 될 필요는 없다. 대신 플랫폼이 될 수 없는 기반 기술, 보안 체계, 신뢰 설계, 규제 준수의 총합으로서 자신의 가치를 재정의하고 있다. 이전처럼 모든 것을 통제하기보다는, 모듈화하고, 개방하고, 연결되는 구조로 나아가는 중이다.

BaaS는 '플랫폼을 흉내 내는 전략'이 아니라, 은행다움을 유지하면서도 플랫폼과 공존할 수 있는 전략적 해법이 된다. 이제 은행은 스스로 물어야 한다. "내가 가진 금융 기능을 누가, 어디서, 어떻게 사용할 수 있도록 만들 것인가?"

2장에서는 그 질문에 답하기 위해, 일반적인 은행들이 BaaS 구조 안에서 어떤 방향을 선택했고, 무엇을 먼저 준비했고, 어떤 기회를 포착하고 있는지를 살펴본다. 은행은 여전히 금융의 중심이다. 다만 그 중심이 더 이상 전면에 나서지 않을 뿐이다.

2장

은행은 지금 무엇을 바꾸고 있는가

— 01 —

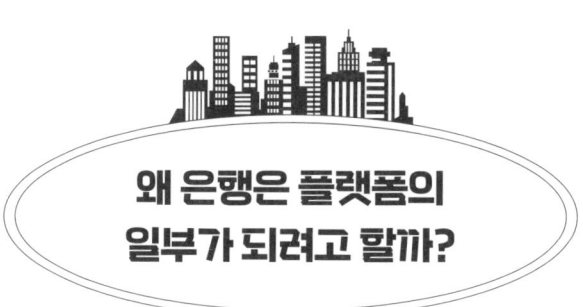

왜 은행은 플랫폼의 일부가 되려고 할까?

금융을 제공하는 주체는 여전히 은행이다. 하지만 그 방식은 빠르게 바뀌고 있다. 한때 은행은 지점을 중심으로 고객을 확보하고, 예금을 모으고, 대출을 내보내며, 신뢰를 기반으로 모든 금융의 시작과 끝을 설계하는 존재였다. 그러나 지금 고객은 은행 앱을 찾지 않는다. 신용카드를 고를 때도, 보험을 들 때도, 투자를 시작할 때도 먼저 여는 건 플랫폼이고, 먼저 떠올리는 건 금융사가 아니다.

은행은 고객을 여전히 많이 보유하고 있다. 하지만 많은 숫자가 더 이상 수익으로 직결되지 않는다. 사용자는 앱에 머물지만, 상품으로 전환되지 않고, 금리와 수수료는 하향 압력을 받는다. 고객은 있지만, 팔 수 없고, 남는 것도 없는 시대. 그 현실은 은행이 질문을 던지게 만들었다. "우리는 지금 어떤 방향으로 가야 하는가?" "금융의 주도권이 플랫폼으로 넘어간 지금, 우리는 무엇을 내어주고, 무엇을 지켜야 하는가?"

바로 그 물음의 끝에 BaaS가 있었다. 모든 것을 가지려 하기보다, 기능을 개방하고, 연결을 설계하며, 사용되는 방식으로 존재하는 전략, BaaS는 기술 이전에 은행의 존재 방식 자체를 바꾸는 전략이었다. 여기에서는 은행이 왜 BaaS를 선택할 수밖에 없었는지, 그리고 그 전환이 수익 구조, 비이자 수익, 내부 인프라, 파트너십 생태계까지 어떤 방식으로 확장되고 있는지를 하나씩 짚어본다. 은행은 플랫폼이 되려 하지 않는다. 대신 플랫폼과 공존하는 방식으로 자신을 재정의하고 있다.

(1)
수익이 줄어드는 시대, 새로운 길을 찾는 은행들

은행은 언제부터인가 고객을 잃지 않았지만, 수익은 줄기 시작했다. 앱은 더 빨라지고, 사용자 수는 늘어났고, 1일 평균 접속 횟수도 증가하고 있다. 하지만 얼마나 자주 접속하는가보다는 "얼마를 버는가?"라는 질문에 답하기가 어려운 상황이 되었다.

은행의 근간은 예대마진으로, 예금 금리보다 높은 이율로 대출을 실행하고 그 차액으로 안정적인 수익을 확보하는 구조다. 하지만 이 모델은 저금리 환경이 장기화되면서 근본적으로 흔들리기 시작했다. 대출 금리는 하향 압력을 받고, 대출 경쟁이 치열해지면서 금리는 낮아지고 리스크는 커졌다. 예금 금리는 방어적으로 오를 수밖에 없고, 고객 이탈을 막기 위해 예금 혜택은 점점 늘어나고 있다. 결국 예대마진은 줄고, 대출을 많이 내도 마진은 남지 않는 시대가 도래한 것이다.

은행 앱의 사용자 수는 매년 늘고 있다. 2023년 기준 주요 시중은행의 모바일 뱅킹 월간 활성 이용자MAU는 1천만 명을 넘어섰고, 앱 사용 빈도는 주 2~3회를 넘는다. 하지만 이용자 수 증가가 곧 수익 증가로 이어지지 않는다. 이유는 간단하다. 사용자 대부분은 잔액 조회, 간편 송금 등 비수익성 기능만 사용하고 있기 때문이다. 앱은 자주 켜지지만, 상품은 팔리지 않는다. 예전 같으면 창구에서 PB가 자산관리 상품을 제안하거나 카드 권유가 이루어졌을 텐데, 이제는 앱 안에서 무관심하게 스쳐 지나간다. 고객이 많은데도 은행은 마진을 못 남기는 구조에 갇힌 것이다.

주요 은행 모바일앱 사용 빈도

은행/앱명	2023년 MAU(명)	월평균 사용 횟수(회)	월평균 사용 시간(분)
KB 스타뱅킹	1,200만	10회 이상	100분 이상
신한 SOL	839만	10회 이상	100분 이상
하나원큐	574만	10회 이상	100분 이상
우리 WON 뱅킹	709만	10회 이상	100분 이상

○ 출처: 와이즈앱, 2023 모바일 앱 총결산 리포트 및 사용 빈도 추정

비이자 수익은 은행 수익의 또 다른 기둥이었다. 펀드, 보험, 외환, 카드 수수료 등 이 영역 역시 이미 플랫폼에 의해 대체되고 있다. 보험은 비교 가입 플랫폼에서 가입되고, 카드는 빅테크의 간편결제에 밀리고 있으며, 자산관리는 로보어드바이저와 MZ 맞춤형 투자 앱에

빼앗기고 있다. 은행이 전통적으로 강했던 수수료 기반 상품 판매 구조는 고객의 주의와 행동이 플랫폼에 머물면서 빠르게 무력화되고 있다.

은행은 금융 기능에 있어 여전히 강력한 인프라를 보유하고 있다. 규제, 인증, 리스크 관리, 계좌·여신 시스템 등 플랫폼이 독자적으로 구축할 수 없는 무거운 구조를 갖고 있다. 문제는 이 인프라가 내부에만 머물러 있을 때는 더 이상 수익을 내지 못한다는 점이다. 그래서 은행은 전면에 나서기보다, 기능을 플랫폼에 개방해 수익을 얻는 구조로 전환하고자 한다. 사용자 수를 소유하는 것이 아니라, 사용 빈도에 따라 반복 수익을 확보하는 구조로 만들어야 한다. 은행이 직접 상품을 팔지 않더라도, 다른 플랫폼이 은행 기능을 사용하게 만드는 전략이 BaaS 구조다. 은행은 더 이상 모든 수익을 혼자서 만들 필요가 없다. 연결을 통해 수익을 배분받는 방식으로 구조를 전환할 수 있다.

기존 은행의 수익성과 ROE^{Return on Equity}(자기자본이익률)는 하향 안정화 추세를 보이고 있다. 금융당국의 규제 강화, 플랫폼 기반 금융 경쟁자의 등장, 그리고 사용자 기대 수준의 상향까지 고려할 때, 은행은 이제 기능 제공자로서의 위치를 전략적으로 어떻게 재배치할지 고민해야 할 시점이다. BaaS는 기술이 아니라, 수익을 되살리기 위한 구조 전환의 실마리다.

[2]
비이자 수익을 위한 실험들

금리가 출렁이는 시대에, 은행이 하나의 수익원에만 의존하는 것은 위험한 전략이다. 그래서 오래전부터 은행은 '비이자이익의 확대'를 두 번째 축으로 삼아왔다. 여기서 말하는 비이자이익이란, 이자 수익 외에 수수료, 신탁 보수, 외환 수익, 펀드 판매, 보험 모집, 카드 수수료 등을 통해 발생하는 수익을 말한다. 즉, 은행이 금융 유통 채널로서 만들어내는 부가 수익이다. 하지만 문제는 이 수익이 점점 줄어들고 있다는 점이다. 그리고 감소의 이유는 시장 외부에 있는 것이 아니라, 고객 행동과 은행 자체의 구조적 한계에 있다.

예전에는 은행 창구나 콜센터에서 펀드나 보험을 추천받고 가입하는 일이 자연스러웠다. 하지만 지금 고객은 카카오톡에서 보험을 비교하고, 토스에서 간편하게 펀드에 가입하며, 네이버페이에서 캐시백이 붙는 신용카드를 발급받는다. 은행은 여전히 같은 상품을 보유하고 있지만, 판매할 수 있는 접점을 잃었다. 모든 흐름이 플랫폼 안으로 이동하고 있기 때문이다. 실제로 국내 시중은행의 비이자이익 비중은 정체되거나 감소세를 보이고 있다. 상품은 있지만 팔 수 없고, 고객은 있지만 유입 경로를 장악하지 못하는 현실. 비이자이익 확대는 전략 목표로서 유효했지만, 기존 방식으로는 실현되지 않는 목표가 되어버렸다.

이런 상황에서 은행들은 일상 속 고객 접점에 스며들기 위한 여러 실험을 감행했다. 우리은행은 배달의민족과 제휴해 생활밀착형 플랫폼 결제 흐름에 은행 서비스를 연결하려는 시도를 진행했다. 또한, KB국민은행은 '리브메이트Liiv Mate' 앱 내에 포인트몰을 연동하고, 금융 포인트로 구독형 상품이나 쇼핑을 할 수 있는 구조를 설계했다. 한편, 신한은행은 마이데이터 기반의 '쏠리치SOL rich' 서비스를 통해 소비 리포트, 자산 변화, 맞춤형 금융상품 제안을 데이터 기반으로 제공하고자 했다. 이처럼 은행은 결제, 쇼핑, 자산관리 등 다양한 맥락에 금융을 녹여내는 실험을 반복했지만, 명확한 수익 모델이 부재하거나 고객의 기대와 동선에 깊이 닿지 못했다. 플랫폼은 있었고 기능도 있었지만, 사용자는 "굳이 은행 앱에서 이걸 해야 할 이유가 있을까?"라는 질문을 던졌다. '은행이 만든 콘텐츠'는 존재했지만, 과연 그 콘텐츠가 '은행이 있어야 할 자리'에서 만들어졌는지에 대한 검증은 부족했다.

비이자이익 확대의 한계는 결국 채널 전환의 실패로 요약된다. 은행이 가진 상품은 여전히 경쟁력이 있다. 문제는 그 상품을 전달할 수 있는 채널과 타이밍, 맥락이 사라졌다는 것이다. 디지털 금융 시대는 상품보다 고객 행동이 흐르는 경로에 누가 위치하느냐가 중요해졌고, 그 경로에서 은행은 점점 뒤로 밀려나고 있다. 상품을 만들 수는 있지만, 사용되도록 만들 수는 없는 구조가 된 것이다.

은행은 이제 다시금 질문을 던진다. "우리의 상품이 아니어도, 우리의 기능이 팔릴 수는 없을까? 우리의 이름이 아니어도, 우리의 인프라가 반복적으로 사용될 수는 없을까?" 바로 이 지점에서 BaaS는 새로운 방식의 비이자 수익 모델로 연결된다. 예전에는 고객을 설득해서 보험을 팔았다면, 이제는 타 플랫폼 안에서 보험 청약 기능을 제공하고 API 사용료를 받는다. 또한 자산관리 서비스를 직접 설계하고 마케팅했다면, 다른 플랫폼이 자산 데이터를 시각화하는 데 필요한 계좌 연결 기능만 제공한다. 전환율 낮은 카드 광고에 투자했다면, 쇼핑몰 결제 과정에 신용 한도에 기반한 분할 결제 기능을 임베디드로 붙인다. 이 구조에서는 상품이 아니라 기능이 수익을 만든다. 그리고 이 수익은 고객 행동이 발생할 때마다 반복해서 창출된다.

은행의 비이자 수익 전략은 이제 "무엇을 팔 것인가?"에서 "어디에 어떻게 기능을 심을 것인가?"로 이동 중이다. 상품으로는 주목받지 못하지만 기능으로는 반복 사용될 수 있다면, 은행은 전면에 나서지 않고도 수익을 확보할 수 있다. 이것이 바로 비이자이익을 위한 실험이 BaaS로 진화하게 된 구조적 배경이다.

일상 플랫폼 속으로, 우리은행×배달의민족 제휴 사례

은행은 한동안 일상으로의 진입을 고민했다. 더 이상 고객이 지점을 찾아오지 않고, 앱의 활용도도 단순 송금과 조회에 그치는 상황에서 은행은 스스로 질문해야 했다.

"우리는 어디에서 고객을 만날 수 있는가?"

이 질문의 하나의 해답으로, 은행은 고객의 일상 속 루틴에 이미 깊숙이 자리 잡은 플랫폼과의 협업을 시도했다. 그중 하나가 우리은행

○ 출처: 경기신문

과 배달의민족의 제휴 사례다. 2022년, 우리은행은 우아한형제들(배달의민족 운영사)과 제휴해 배달앱 안에서 금융 혜택을 제공하는 O2O 기반 프로모션 실험을 진행했다. 우리WON뱅킹을 사용하는 고객이 배달의민족에서 주문 결제를 할 때 할인 쿠폰, 적립 혜택, 앱 연동 이벤트 등을 제공하는 구조였다.

이 실험은 전통적인 금융의 전면적 접근을 넘어서, 고객이 일상적으로 사용하는 플랫폼에서 자연스럽게 기능이 되려는 전략적 시도였다. 은행 앱이 아닌 배달 앱에서 먼저 은행을 마주하게 되는 흐름에서, 결제라는 행동에 금융이 녹아들 수 있는 순간을 포착한 것이다.

  이 방식은 기존의 방식과 명확히 달랐다. 은행은 더 이상 모든 고객을 직접 보유하려 하지 않았고, 브랜드를 내세우기보다 기능을 경험에 녹여내는 방식을 택했다. 고객은 우리은행이라는 이름을 기억하지 않아도, 혜택을 통해 자연스럽게 기능을 경험한다. 물론, 이 실험은 전면적인 전환이라고 보기는 어렵다. 단발성 프로모션 중심으로 이뤄졌고, 지속적이고 구조적인 연결에는 이르지 못했다. 하지만 그 시도는 분명했다. 은행이 앱 안으로 끌어들이는 방식에서, 사용자의 흐름으로 들어가는 방식으로 전환을 시도한 것이다. 이러한 시도는 궁극적으로 BaaS 전략의 전조였다. 기능 단위로 플랫폼과 연결되어 사용될수록 반복적인 수익이 발생하는 구조인 것이다. 은행은 다시 "우리는 기능으로 사용되는 은행이 될 수 있을까?"라는 질문을 던진다.

그리고 그 실험은 BaaS라는 구조에서 더욱 유연하고 구조적인 전략으로 진화할 수 있는 기반이 되고 있다.

커머스를 품은 금융앱, KB국민은행 리브메이트 포인트몰

은행은 한때 이렇게 상상했다. "금융 앱에서 결제도, 쇼핑도, 구독도 모두 할 수 있다면 어떨까?" 단순히 돈을 관리하는 도구가 아니라, 돈을 쓰는 모든 행위까지 은행이 품어보자는 상상이었다. 이 상상을 실험으로 옮긴 은행 중 하나가 KB국민은행이다.

KB국민은행은 자체 포인트 플랫폼 앱인 '리브메이트'를 통해 포인트 적립 기능을 넘어서 앱 내 쇼핑과 결제를 연결하는 실험을 진행했다. 사용자는 '오늘의 특가', '이달의 쇼핑', '구독 결제' 등의 섹션에서 상품을 구매하거나 결제를 진행할 수 있었고, KB금융 계열 서비스를 이용한 고객이라면 보유 포인트를 바로 사용할 수 있었다. 이 구조는 분명히 은행 앱의 체류 시간을 늘리고, 사용자에게 '소비가 가능한 플랫폼'이라는 인식을 주려는 목적이 담겨 있었다. 쇼핑몰처럼 보이지만, 실제로는 은행이 기획하고 운영하는 커머스 플랫폼 말이다. 은행은 이 안에서 커미션 수익, 결제 전환율, 구독형 소비 데이터 확보 등을 노렸다.

리브메이트 UI/UX 특징

항목	특징 및 설명
메인 UI	카드형 UI, 주요 기능(퀴즈, 출석, 쇼핑, 이벤트 등) 한눈에 보기 쉽게 배치
쇼핑 진입	홈 또는 하단 메뉴에서 '쇼핑' 영역으로 진입, 제휴몰/특가/이벤트 배너 노출
상품 리스트	제휴 쇼핑몰별 상품, 특가 상품, 인기 상품 등 카테고리별로 이미지와 가격 정보 제공
이벤트 배너	럭키드로, 위시템, 한정 특가 등 다양한 쇼핑 이벤트가 이미지 배너로 강조
포인트 적립	쇼핑 시 포인트리 적립, 적립 내역 및 사용처를 앱 내에서 바로 확인 가능

문제는 고객의 인식이었다. 은행 앱은 돈을 관리하는 곳이지 쇼핑하는 곳은 아니라고 생각했기에, 많은 사용자가 리브메이트를 '포인트 적립을 확인하는 곳'으로만 인식했다. 쇼핑 기능이 있다는 것조차 모르는 경우도 많았다. 설령 알더라도, 사용자는 자연스럽게 "이건 네이버쇼핑, 쿠팡, 마켓컬리에서 하는 게 더 편하지"라고 생각했다. 즉, 은행이 만든 커머스는 고객의 소비 루틴 속에서 우선순위가 되지 못했다.

리브메이트는 분명히 잘 만든 플랫폼이었다. 은행 앱이라는 고정관념에서 벗어나 소비, 혜택, 멤버십, 구독까지 다뤘기 때문이다. 그러나 기능을 만들고 구조를 설계하는 것만으로는 고객의 '심리적 거리'를 좁히기에는 부족했다. 사용자는 은행 앱을 켤 때 할인받으러 들어오는 것이 아니라 잔액을 확인하러 들어온다. 사용자의 맥락과 금융사가 설계한 구조 사이의 온도 차가 있었던 것이다.

이러한 경험은 은행에 중요한 시사점을 주었다. 커머스를 자체적으로 구축하는 것보다, 고객이 이미 머물고 있는 플랫폼에 금융 기능을 제공하는 방식이 훨씬 더 유기적인 전환을 유도할 수 있다는 것이다. 리브메이트의 사례는 금융과 커머스를 연결하려는 실험이었지만, 그 연결이 사용자 흐름의 '바깥'에서 시도될 경우 힘을 잃는다는 사실을 보여준 실험이기도 하다.

쇼핑과 금융을 연결하고 싶다면, 은행 앱 안에 마켓을 만들기보다 고객이 이미 머무는 쇼핑 앱, 구독 앱, 커머스 환경에 은행의 결제, 대출, 포인트 전환, 할부 기능을 심는 것이 BaaS 구조의 실질적인 의미다. 은행이 전면에 나서지 않아도 기능이 흐름 속에서 사용될 수 있다면, 고객의 인식 없이도 수익은 반복적으로 발생할 수 있다. 리브메이트의 실험은 그 가능성과 한계를 동시에 보여준 셈이다.

데이터는 넘쳤지만 행동은 따르지 않았다, 신한은행 '쏠리치'

은행은 데이터를 쥐고 있었다. 고객의 급여 이력, 소비 패턴, 대출 상환 내역, 카드 사용 내역까지, 그 어떤 플랫폼보다 방대한 정보가 쌓여 있었다. 그리고 어느 시점부터 은행은 그 데이터로 무언가를 '보여주기' 시작했다. "당신의 이번 달 소비 경향은 이렇습니다." "자산 증감 추이는 이렇고, 이대로라면 몇 년 후 순자산은 어느 정도입니다." "비슷한 연령대 고객보다 당신의 신용점수는 얼마만큼 낮습니다." 이렇게 데이터를 기반으로 '말 걸기' 시작한 은행의 대표적 시도가 신한은행의 마이데이터 기반 자산관리 서비스 '쏠리치'였다.

○ 출처: 신한은행, 시장경제신문

'쏠리치'는 신한은행이 2022년 선보인 통합 자산관리 플랫폼이다.[14] 계좌, 카드, 보험, 연금, 증권 등 여러 금융기관에 흩어진 고객의 정보를 한곳에 모아 자동 분석·시각화·진단·추천까지 제공하는 방식이다. 신한 쏠SOL 앱에서 '쏠리치'를 실행하면 자신의 소비 성향, 자산 구조, 향후 투자 성향 등을 한눈에 파악할 수 있었고, AI 기반 분석을 통해 맞춤형 금융상품이나 소비 관리 리포트를 제공받았다. 이는 계좌 조회를 넘어, 은행이 고객에게 금융 인사이트를 제공하는 역할로 전환을 시도한 사례였다. 신한은행은 쏠리치를 통해 고객의 데이터를 시각화하고, 진단해주고, 솔루션을 제안했다. 그러나 이 서비스는 고객의 행동까지 자연스럽게 이끌어내는 데는 한계가 있었다. 고객은 리포트를 스크롤하며 정보를 확인했지만, 그 데이터가 금융상품 가입이나 실질적인 재무 행동으로 이어지는 전환은 제한적이었다.

문제는 '정보'와 '맥락'의 단절이었다. 사용자는 자산 구조를 파악할 수 있었지만 구체적인 행동으로 유도하지 못했고, 은행 앱이라는 플랫폼 자체도 여전히 '보는 곳'으로만 인식되었다. 쏠리치는 똑똑한 도구였지만, 고객의 일상적 맥락 속에서 자연스럽게 작동하는 서비스로는 자리 잡지 못했다.

실제 비교 가능한 통계는 없지만, 일상적 금융 습관과 플랫폼 인식 측면에서 분석해볼 수 있다. 토스나 뱅크샐러드는 자산관리·소비 패턴 분석·카드 추천 등이 일상적인 기능으로 자리 잡으면서 UX 중심의 행동 유도 구조를 고도화했다. 반면, 쏠리치는 정보 제공에 중점을 둔 도구적 설계에 머물렀고, 반복 사용이나 행동 전환을 위한 구조적 장치는 상대적으로 적었다. 이 차이는 금융 UX 설계에서 반복성과 맥락 연계가 얼마나 중요한지를 보여준다.

[3]
먼저 움직이는 은행들의 전략은 무엇일까?

은행은 생활 플랫폼 안으로 들어가보기도 했고, 자사 앱을 커머스처럼 꾸며보기도 했으며, 보유한 데이터를 분석해 고객에게 인사이트를 제공해보기도 하는 등 여러 실험을 했다. 그리고 그 모든 시도는 한 가지 공통된 질문으로 귀결됐다.

"우리는 어디에 있어야 할까?"

모두가 기능을 가졌고, 혜택도 있었고, 기술도 준비되어 있었다. 하지만 문제는 '맥락'이었다. 고객이 기대하지 않는 자리에서 제공되는 기능은, 그 자체로 무용지물이 될 수 있다는 것을 은행은 실험을 통해 확인했다. 이제 은행은 '직접 만들고, 직접 운영하고, 직접 유도하는 방식'에서 벗어나고 있다. 대신, 고객이 이미 머물고 있는 플랫폼 안에서 은행의 기능이 자연스럽게 작동하도록 설계하려는 방향으로 전환하고 있다.

BaaS는 새로운 금융상품이 아니다. 은행이 가진 기능을 플랫폼이 활용할 수 있도록 API로 제공하고, 반복적으로 사용될 때마다 수익을 창출하는 구조다. 브랜드가 사라져도 기능은 남는다. 사용자가 몰라도, 플랫폼은 계속 호출한다. 이제 은행은 전면에 서지 않아도 된다. 쓰이는 기능만으로도 수익을 낼 수 있는 시대에는 구조적 전환이 전략이다.

02 금융을 재미있게, 쇼핑처럼 만드는 실험

　은행은 방향을 틀었다. 이제는 고객을 직접 붙잡으려 하기보다, 자신이 가진 기능을 외부에 제공하고 그 기능이 고객이 머무는 곳에서 사용되도록 만든다. 단순히 기능을 빌려주는 개념이 아니다. 은행의 시스템과 프로세스를 유연하게 분해하고, API 형태로 모듈화하며, 외부 플랫폼이 쉽게 가져다 쓸 수 있도록 설계하는 전략이다. 이 구조에서 은행은 더 이상 전면에 나서지 않아도 된다. '사용될수록 수익이 발생하는 구조'가 핵심이다.

　은행의 전통적인 시스템은 거대한 블록처럼 닫혀 있었다. 계좌 개설, 본인 인증, 송금, 결제, 대출 심사, 신용평가 등 모든 과정은 은행 내부에서만 이루어졌고, 외부에서는 접근하거나 분리해 활용할 수 없도록 설계되어 있었다. 하지만 고객의 금융 사용 방식은 이미 달라졌다. 이제 사람들은 커머스 앱에서 할부를 설정하고, 자동차 앱에서 보험료를 계산하며, 플랫폼 안에서 자연스럽게 금융을 소비한다. 금융은 여전히 필요하지만, 꼭 은행 앱 안에서 금융 활동이 이루어져야 할 이유는 사라졌다. 이러한 흐름 속에서 은행이 선택할 수 있는 전략은 명확해진다. 기능을 통째로 소유하는 것이 아니라, 작게 나누어 외부에서 사용할 수 있도록 개방하는 것이 BaaS의 출발점이다. 은행 내부에 존재하던 다양한 금융 기능을 작은 단위의 모듈로 쪼개어, API 형태로 외부에 제공하는 방식이다.[15]

예를 들어, 인증 기능만 따로 떼어내고, 계좌 개설 절차를 다른 플랫폼의 회원가입과 연결하며, 결제 기능을 쇼핑몰의 결제 단계에 삽입하고, 대출 한도 조회 기능을 중고차 거래 앱에 연동하며, 신용평가 알고리즘을 이커머스 정기구독 구조에 연결할 수 있다. 이 모든 과정에서 은행은 자신의 기능을 판매 가능한 도구로 변환하고, 필요할 때마다 호출되어 사용되는 구조로 만들어가는 것이다. 은행은 이제 더 이상 모든 것을 스스로 통제하려 하지 않는다. 대신 자신이 가진 기능이 다른 플랫폼에서 작동하도록 설계하고, 그 사용량에 따라 반복적인 수익을 확보하는 방식으로 구조를 바꾸고 있다. 즉, 은행의 미래는 "기능이 어디서, 어떻게 쓰이는가?"에 따라 수익이 결정되는 시대로 이동하고 있다.

기능을 개방하는 것만으로는 충분하지 않다. 은행이 API를 제공하고 외부에서 사용할 수 있도록 설계했다고 해도, 그 기능이 고객의 생활 속 흐름에 어디에, 어떻게 들어가는지에 따라 사용 여부와 효과는 극명하게 달라진다. 은행의 기능이 어떤 플랫폼에, 어떤 맥락에서, 어떤 순간에 삽입되는지가 전략의 성패를 가른다.

커머스 플랫폼에서는 결제 과정 중 할부 옵션을 제시할 수 있다. "이 상품을 월 3,000원으로 나눠볼까요?" 이 말 뒤에는 은행의 신용조회, 한도 설정, 자동이체 연결 기능이 숨어 있다. 모빌리티 앱에서는 목적지 설정 후 보험 가입을 제안하거나, 주행 거리 데이터를 활용해 운전자 맞춤 보험료를 계산하는 기능이 작동할 수 있다. 헬스케어 앱에서는 건강검진 결과를 바탕으로 보험 상품을 추천하거나, 의료비 지출 내역을 분석해 저축 계획을 자동 생성해주는 기능이 적용될 수 있다.

이처럼 BaaS는 기능을 밖으로 내보낼 뿐 아니라, 사용자의 맥락에 자연스럽게 들어가는 방식으로 금융을 재배치하는 전략이다. 은행이 설계한 흐름이 아니라, 사용자가 이미 움직이고 있는 흐름에 기능을 끼워 넣는 것이다. 그리고 그 흐름이 자연스러울수록 기능은 더 자주 호출되고, 은행은 더 많은 반복 수익을 확보할 수 있다.

은행은 이제 기능을 잘 만드는 것이 아니라 기능이 고객의 흐름에 맞게 연결되도록 설계하는 일에 집중해야 한다. 그 전략이 성공하면, 은행은 더 이상 고객을 직접 끌어들이지 않아도 된다. 기능이 고객을 찾아가는 시대가 그 전환의 설계도다.

[1]
포인트로 계좌 만들고 출금까지 가능하다면?

　많은 플랫폼에서 포인트를 쌓아주고, 많은 고객이 그것을 받아둔다. 그러나 포인트를 자주 쓰지 않는다. 고객 입장에선 이 포인트가 어디에 있는지, 얼마나 있는지, 왜 생겼는지도 기억나기 때문이다. SSG페이, 네이버페이, L포인트, OK캐시백 등등 포인트가 쌓이는 구조는 명확하지만, 소비로 이어지는 경로는 흐릿하다. 일부 플랫폼은 이를 해결하고자 포인트 통합이나 자동 차감 기능을 도입한다. 하지만 고객의 일상에서 이 포인트를 '자산'으로 인식시키는 데는 실패했다.

　여기서 필요한 것이 포인트 계좌다. 만약 고객이 포인트를 은행이 만든 가상계좌에 현금처럼 쌓아두고 출금 가능한 상태로 인식할 수 있다면, 이 포인트는 의미를 갖는다. 일정 금액 이상이면 출금 가능하다거나, 현금처럼 다른 금융상품에 자동 전환된다거나, 매달 정산되어 소비 패턴에 맞춰 사용 제안하는 구조라면 고객에게는 내 돈처럼 느껴질 것이다. 플랫폼은 포인트를 계좌 관리 도구로 재해석할 수 있으며, 은행은 포인트 적립→자산화→출금→유입 자금 분석이라는 완벽한 순환 구조의 BaaS 흐름을 설계할 수 있다. 그러나 현재 대부분의 플랫폼은 포인트를 쌓였다가 사라지는 일회성 인센티브로만 다룬다. 그래서 고객은 외면하고, 은행은 개입하지 못하며, 플랫폼은 반복되는 미사용 잔고를 남긴 채 마케팅 비용만 쌓아간다. 포인트는 계좌가 되어야 한다. 계좌가 되어야 고객은 그것을 '재화'로 인식하고, 은행은 비로소 역할을 찾을 수 있다.

[2]
'쇼핑 적금'이 등장한 이유

은행은 오래전부터 고객에게 "돈을 모으시면 금리를 드릴게요"라며 제안해왔다. 하지만 몇만 원 넣어봐야 이자는 몇십 원에 불과하다. 적금도 뻔하다. 매월 자동이체하고, 만기가 되면 해지한다. 그런데도 상품 설명은 복잡하기만 하다. 고객에게는 의무 같고, 재미도, 동기부여도 없다.

반면 쇼핑은 다르다. 어떤 상품에 클릭을 멈췄고, 배송 알림에 마음이 설렜고, 구매에 따른 적립금 때문에 고객은 다시 돌아왔다. 은행이 설계한 적금은 매달 빠져나가는 자동이체였지만, 고객이 원한 저축은 '쇼핑의 결과로 따라오는 보상'이다.

이 지점에서 '쇼핑적금'이라는 개념이 등장한다. 쿠팡, 무신사, 마켓컬리 같은 커머스 플랫폼이 고객의 월간 쇼핑 내역을 분석해 자동으로 적금 상품을 제안하거나 생성한다면 어떨까? "이번 달 10만 원 이상 구매하셨네요. 다음 달 자동 적립 리워드 1만 원 적금이 시작됩니다." "지금 쌓인 구매 금액을 기반으로, 쇼핑 리워드 적금을 만기 자동 캐시백으로 전환하시겠습니까?"

이 상품은 고객에게는 리워드처럼 보이고, 은행으로선 저축 상품을 유도할 수 있는 데이터 기반의 마케팅 수단이 된다. 그리고 이 구조를 가능케 하는 게 기능 단위로 연결된 BaaS 구조다. 플랫폼은 고객 구매 데이터를 보내고, 자동 적금 API를 호출하며, 금융사와 함께 반복되는 금융 행동을 유도할 수 있다.

그러나 이 구조는 대부분 제대로 실현되지 않은 상태다. 은행은 상품을 만들고 기다리지만, 플랫폼은 광고와 포인트로만 고객을 부른다. 결국 고객은 돈을 모으기보다는 할인받는 것을 선택하고, 은행은 존재조차 모르게 사라진다. 금융은 강요될 수 없다. 그러나 보상으로 설계되면, 고객은 스스로 움직인다.

[3]
금융상품을 고르는 방식이 쇼핑처럼 바뀐다

은행은 늘 최선을 다해 상품을 만든다. 금리 조건을 개선하고, 수수료를 낮추고, 혜택을 붙이고, 앱에서 상세 설명도 덧붙인다. 하지만 고객은 그 상품을 '읽지 않는다'. 아니, 애초에 클릭조차 하지 않는다. 금융상품은 복잡하고, 지루하고, 불편하다. 상품을 '이해해야만' 가입할 수 있는 구조는 이미 너무 오래된 방식이다. 반면 쇼핑은 다르다. 상품 하나에 수백 개의 리뷰, 옵션은 카드처럼 펼쳐지고, 추천은 맥락에 따라 제안된다. 고객은 설명서를 읽지 않아도 구매하고, 대부분은 경험처럼 소비한다.

은행이 만든 금융상품은 늘 선택지를 열거하고, 조건을 설명하고, 비교를 유도한다. 하지만 고객은 선택을 원하는 게 아니다. "나한테 맞는 걸 그냥 제시해줘"라고 말할 뿐이다. 이때 필요한 건 금융상품을 쇼핑처럼 설계하는 시선 전환이다.

"이 결제를 3개월 무이자로 바꾸시겠어요?"
"이 구독, 지금 결제하면 자동으로 다음 달 멤버십까지 연장돼요."
"보장 A와 적립 B를 한 번에 받을 수 있는 '라이프 패키지'를 추천드립니다."

이처럼 금융은 상품이 아니라 '상황 속 옵션'으로 등장할 때, 고객은 판단 없이 받아들인다. 복수의 기능결제, 적립, 대출, 보험을 하나의 맥락 안에서 단일 호출 구조로 제공하려면, 은행의 내부 시스템은 모듈화되어 있어야 하고 플랫폼은 이 기능들을 디자인 관점에서 통합할 수 있어야 한다. BaaS는 금융 기능의 상품화를 넘어, 경험의 일부로 금융을 섞어 넣는 설계 도구가 된다. 금융은 더 이상 선택지를 나열해서는 팔 수 없다. 고객은 선택하지 않기 때문이다. 하지만 경험에 금융이 스며들면, 고객은 그것을 고르는 것이 아니라 따른다. 이것이 금융상품을 쇼핑처럼 설계하는 것의 본질이다.

기존의 은행은 상품을 팔아야 수익을 얻었다. 계좌를 유치하고, 예금을 받고, 대출을 실행하고, 카드나 보험을 제안해 계약을 성사시키는 방식이었다. 모든 수익은 직접 판매하거나, 내부에서 유도한 결과로부터만 발생했다. 그러나 플랫폼 중심의 생태계에서, 고객은 더 이상 은행이 설계한 구조에 오래 머물지 않는다.

은행은 이런 현실 앞에서 새로운 방식을 고민한다. 직접 팔지 않아도 기능이 사용될 때마다 수익을 만들 수는 없을까? 이 질문은 은행 수익의 구조 자체를 바꾸는 발상이었다. 그리고 실제로, 기능이 연결된 구조 안에서는 사용될 때마다 반복적으로 발생하는 수익 모델이 가능해진다. 이 방식은 판매 중심이 아닌 사용 기반의 과금 방식을 따른다.

  인증 1건당 정산
  API 호출량 기준 단가 책정
  계좌 개설 건당 수수료 정산
  외부 결제 흐름 안에서 트랜잭션당 정률 정산
  고객 행동 기반 추천 알고리즘 제공에 따른 계약형 정산

핵심은 반복성이다. 한 번만 파는 게 아니라, 수천 번의 호출과 연결이 수익으로 이어지는 구조다. 은행은 이제 한 사람의 고객에게 상품을 하나 더 파는 것이 아니라, 플랫폼 수십 곳과 연결되어 기능 단위로 돈을 받는 방식으로 이동하고 있다. 이전까지의 은행 수익은 보유한 고객을 대상으로 얼마나 더 팔아낼 수 있는지에 몰두했다면, 이 구조에서는 '사용되는 빈도와 맥락'에 따라 자연스럽게 수익이 축적된다. 이는 전환이자 혁신이다. 이 구조 안에서는 브랜드가 보이지 않아도, 은행의 이름이 노출되지 않아도, 기능이 사용되는 순간마다 수익

은 생성된다.

결국 은행은 소유가 아니라, 기능이 '쓰이는 방식'을 통해 새로운 수익 구조를 만들어가고 있다. 그것은 반복적이며 예측 가능하고, 기존 상품 기반의 매출보다 더 넓은 범위에서 안정적인 수익을 설계할 수 있는 기반이 된다.

기능을 쪼개고 사용자의 흐름 안에 조용히 스며들고 사용될 때마다 수익을 얻는 구조는 은행에 새로운 질문을 던진다. "이제는 얼마나 넓게 확장할 수 있을까?"

과거의 확장은 지점 수, 신규 계좌 수, 카드 발급 수량 등 수적 확장으로 설명됐다. 그러나 지금의 확장은 얼마나 다양한 맥락 속에 기능이 들어갈 수 있는지로 결정된다. 더 많은 플랫폼, 더 다양한 산업, 더 촘촘한 흐름으로 이제 은행이 확장하는 대상은 고객이 아니라 상황이다. 이 전략은 은행의 사고방식 자체를 바꾼다.

모든 기능은 모듈화되어야 한다.
→ 더 작게 나누어야 더 많은 곳에 심을 수 있다.
모든 연결은 자동화되어야 한다.
→ 외부 플랫폼이 쉽게 가져다 쓸 수 있어야 반복이 가능하다.
모든 수익은 반복 가능해야 한다.
→ 일회성 계약이 아니라, 트래픽 기반의 구조를 만들어야 한다.

이 구조 안에서 은행은 점점 더 작아지는 것처럼 보이지만, 실제로 영향력은 더 넓고 깊어진다. 보이지 않아도 작동하고, 노출되지 않아도 수익이 발생하는 시스템이다. 여기서 새로운 질문이 발생한다. "고객이 머무는 곳에, 우리가 가진 기능 중 무엇이 가장 자연스럽게 들어갈 수 있을까?" 이 새로운 질문은 은행을 더 유연하게 만들고, 더 가볍게 퍼지게 하며, 더 많은 맥락과 연결되는 방식으로 진화시킨다. 그리고 그 연결의 끝에는 수익이 아니라 존재 방식의 전환이 놓여 있다.

은행은 더 이상 모든 것을 품으려 하지 않는다. 기능은 더 작게 나뉘고, 그 기능은 고객이 머무는 플랫폼 속에 조용히 스며든다. 사용될 때마다 반복적으로 수익이 발생하는 구조가 은행이 선택한 새로운 전략이다. 더 작게 만들수록 더 넓게 퍼질 수 있고, 더 자주 연결될수록 더 안정적인 수익이 만들어진다. 이 방식은 기술의 문제가 아니라, 은행이 스스로를 어디에 위치할 것인가에 대한 질문이자, 존재 방식의 전환에 대한 해답이다.

이제 그 구조가 실제로 가장 활발히 실현되고 있는 영역, 바로 커머스와 금융이 만나는 접점으로 시선을 옮겨보자. 은행의 기능이 쇼핑 흐름에 결합되었을 때, 무엇이 달라졌는가?

— 03 —

커머스 기업과
은행이 만나는 이유

은행은 더 이상 자사 앱 안에 머물지 않는다.[16] 이제 은행은 고객이 머무는 플랫폼으로, 기능 단위로 분해된 채 조용히 스며든다. 우리는 쇼핑하며 금융을 사용하고, 결제하면서도 은행의 기능을 호출한다. 하지만 대부분의 순간, 그것이 은행이라는 사실조차 인식하지 못한다.

장바구니에서 무이자 3개월 옵션을 누를 때
결제창에서 포인트를 자동 차감하고 남은 금액을 할부로 넘길 때
간편결제 앱에서 계좌 인증이나 한도 조회가 자동으로 연결될 때

이 모든 순간에 은행은 이미 도착해 있다. 은행은 더 이상 고객을 기다리지 않는다. 쇼핑이 끝난 뒤에 등장하던 금융은 사라졌고, 이제는 쇼핑 도중에 자연스럽게 작동하는 기능이 되었다. 이 변화는 사용

자 경험이 진화한 것이라기보다는, 은행이 존재하는 방식 자체가 바뀌고 있다는 증거다. 금융은 흐름이 되었고, 은행은 그 흐름 속에 조용히 개입하는 구조 설계자가 되었다. 브랜드는 드러나지 않아도 기능은 반복적으로 호출된다. 앱은 열리지 않아도 수익은 흐름 속에서 발생한다.

여기에서는 은행이 커머스 플랫폼으로 어떻게 진입하고 있으며, 어떤 방식으로 고객의 소비 여정에 녹아들고 있는지 살펴본다. 금융이 경험이 되고, 은행이 보이지 않는 플랫폼의 기반으로 바뀌는 전환의 중심에는 커머스와의 결합이 있다. 이는 아직 시작에 불과하다.

[1]
쿠팡, 네이버, SSG… 커머스는 왜 은행이 필요할까?

이제 그들은 금융의 문을 직접 두드리고 있다. 왜일까? 그 이유는 단순하다. 결제, 적립, 정산, 리워드, 멤버십, 구독, 환불, 할부 등 쇼핑의 모든 단계는 결국 금융과 연결되어 있기 때문이다. 과거에는 쇼핑을 마치고 은행을 찾았다. 지금은 반대다. 쇼핑하는 순간, 은행의 기능이 먼저 도착해 있다.

쿠팡은 쇼핑과 결제를 하나로 묶기 위해 자체 결제 시스템 '쿠페이'를 만들고, '로켓와우' 멤버십에 결제 리워드를 얹었으며, 결제와 리워드, 송금 등 금융 기능을 플랫폼 내부로 끌어들였다. 네이버는 '네이버페이' 안에서 송금, 대출, 보험, 할부까지 기능을 확장하며, 쇼핑→결제

→금융을 하나의 흐름으로 통합했다. SSG는 현대카드와 협업한 SSG.COM PLCC, 자체 간편결제 서비스 SSG페이, 최근 선보인 쓱KB통장까지 더하며 은행 없이도 금융처럼 작동하는 플랫폼을 만들어가고 있다.

이들이 공통적으로 바라는 건 하나다. "고객이 떠나지 않게 만드는 인프라로서의 금융"이다. 쿠팡은 빠르고 예측 가능한 결제 경험을 위해 은행이 필요했고, 네이버는 신용을 설계하고 금융 데이터를 활용하기 위해 은행을 연결했으며, SSG는 전용카드와 통장을 결제 생태계로 끌어들여 고객을 묶어두었다. 이 모든 구조는 은행이 기능 단위로 분해되어 플랫폼에 제공될 수 있을 때만 가능하다.

이제 커머스 플랫폼으로서는 은행은 '제휴할 대상'이 아니라 내부에 심어야 할 기능 제공자다.[17] 계좌는 자산관리 도구가 아니라 멤버십 리워드 기반 인프라가 되고, 카드사는 금융사가 아니라 플랫폼 고객을 위한 리텐션 파트너가 되며, 포인트는 그저 적립이 아니라 환금 가능한 통화로 진화하고 있다. 플랫폼은 말한다. "우리가 가진 고객 행동 데이터, 결제 루틴, 적립 구조 안에 은행이 가진 기술을 녹여낼 수 있는가?"

이제 은행이 플랫폼 밖에서 마케팅하며 고객을 데려오길 기다리는 시대는 끝났다. 은행은 플랫폼 안에 들어가야 하고, 기능 단위로 연결되어야 하며, 브랜드가 아닌 기술로 작동해야 한다. 커머스는 이미 움직이고 있다. 이제는 은행이 고객보다 먼저 플랫폼에 도착해 있어야 할 때다.

　커머스 플랫폼으로선 금융은 결제를 돕는 수단일 뿐 아니라, 고객을 더 오래 붙잡고 더 자주 결제하게 만들며 더 깊이 분석하기 위한 핵심 기술이 되었다. 이 흐름에서 커머스는 은행과 제휴하지 않는다. 은행의 기능을 직접 안으로 들여온다. 이 전략의 출발점은 대부분 페이와 PLCC다. '페이'는 고객의 결제 루틴을 플랫폼 내부로 가져오고, 'PLCC'는 외부 금융을 플랫폼 충성도로 바꿔주는 도구다. 거기에 더해, 최근에는 적립금 충전을 자산화하려는 시도까지 나오고 있다. 일부 플랫폼은 충전된 포인트에 이자를 지급하거나, 잔액을 정기 정산하는 구조를 실험하고 있다. 이는 포인트를 단순 마케팅 도구가 아닌 자산처럼 작동하게 만든다.

　가장 앞서 있는 곳은 쿠팡이다. 쿠팡은 빠른 배송 플랫폼을 넘어서, 쿠페이를 통해 결제→적립→환불→정산까지 하나의 체계로 통합했다. 쿠팡은 2020년 자회사인 쿠팡페이를 통해 전자금융업자로 등록을 완료하고, 선불결제, 송금, 자동정산 등 은행 기능을 단계적으로 플랫폼에 통합해왔다. 특히 쿠페이머니는 충전형 선불결제 수단이지만, 실질적으로는 포인트·적립금·이커머스 전용 캐시의 경계를 흐리며 쿠팡 생태계 안에서만 쓰이는 폐쇄형 통화 시스템처럼 작동하고 있다. 그 흐름에서 은행의 역할은 정산, 자동결제, 리워드 계산 등 기술 파트너로 기능한다. 쿠팡은 가장 먼저, 가장 깊게 금융 기능을 플랫폼 안으로 흡수한 기업이다. 은행 없이 은행처럼 작동하며, 이커머스가 결제를 시작으로 금융을 품는 과정의 선두 주자다.

네이버는 쇼핑→결제→금융까지 사용자의 흐름을 끊지 않는 방향으로 전략을 펼친다. 네이버페이의 후불결제, 마이데이터 기반의 신용조회 및 대출 비교, 간편보험 추천 기능 등은 모두 은행의 기능을 호출하되, 사용자 경험 안에 감추는 방식으로 구성돼 있다.

SSG.COM은 신세계그룹 전체를 하나의 생태계로 묶는 전략을 택했다. SSG페이는 이마트, 백화점, 스타벅스까지 연결된 온오프라인 통합 결제 플랫폼이며, 현대카드와의 SSG PLCC, KB국민은행과 협업한 쓱KB통장은 고객에게 카드-결제-통장-적립을 연결하는 쇼핑 중심 금융 UX를 제공한다.

BaaS의 흐름은 이커머스를 넘어 리테일 전반으로 퍼지고 있다. GS리테일의 GS페이는 편의점과 슈퍼마켓에서 결제·포인트를 하나로 묶고 있으며, 롯데온은 롯데카드와의 전용 PLCC, 롯데멤버스와 연계한 통합 적립 시스템을 자사몰 결제 UX에 접목시키고 있다. 현대백화점그룹도 최근 H포인트와 금융상품 추천, 환불 자동화 기능을 결합한 경험 중심의 금융 통합 모델을 실험 중이다. 이처럼 리테일 기업들은 결제를 단순히 마무리 단계가 아닌, 다음 행동을 유도하는 트리거로 재해석하고 있으며, 은행은 그 흐름에 기능 공급자로 참여한다.

할인을 더 주는 것보다, 한 번의 결제를 통해 다음 행동을 예측할 수 있는 구조가 더 강력하다는 것을 커머스는 알고 있다. 그리고 그 구조를 가능케 하는 것이 은행의 기능이고, 그 기능을 브랜드가 아닌

API로 호출할 수 있게 만든 구조가 BaaS다.

[2]
고객의 쇼핑 이력을 신용으로 바꾸는 시대

우리는 보통 신용이라는 단어를 들으면 신용등급, 금융 이력, 연체 여부 같은 단어들을 먼저 떠올린다. 신용은 늘 금융기관의 판단이었고, 그 판단의 근거는 과거의 기록이었다. 하지만 지금, 신용은 은행 안에서 만들어지지 않는다. 신용은 플랫폼 안에서 생겨나고 있다. 쇼핑몰에서, 결제창에서, 멤버십에서, 리뷰 등 신용은 고객의 행동 속에서 축적되고, 플랫폼은 그 행동을 읽고 해석하며 실질적인 '신용 판단'을 내린다.

은행이 보지 못하는 것을 커머스는 보고 있다. 은행이 가진 정보는 단단하지만 느리다. 직장, 소득, 대출 이력, 신용카드 사용 패턴, 연체 기록 등은 강력한 지표이지만, 변화에 둔감하고 실제 소비자의 현재를 반영하지 못한다. 반면 커머스 플랫폼은 고객의 행동을 현재진행형으로 관찰한다. 어떤 상품을 얼마나 자주 클릭하는지, 장바구니에 담은 물건을 며칠 후에 사는지, 얼마나 자주 구매하고, 얼마나 자주 환불하는지, 구독은 유지 중인지, 멤버십은 해지했는지, 리뷰를 쓰는 고객인지, 고객센터에 클레임을 자주 넣는지 등의 행동 데이터는 얼핏 사소해 보이지만 고객의 '결제 신뢰도'와 '상거래 일관성'을 드러내는 핵심 지표다. 그리고 바로 이 지점에서 신용을 구성하는 새로운 방식이 등장한다.

과거에는 신용을 금융기관이 생성하고, 플랫폼이 참고했다. 하지만 이제는 반대다. 플랫폼이 신용을 추정하고, 금융기관이 그 결과를 호출한다. 네이버페이는 이 흐름을 실험 중이다. 후불결제 기능은 신용카드가 없어도 네이버페이 결제로 상품을 먼저 구매하고 지정된 날짜에 대금을 납부할 수 있도록 한다. 이때 한도는 기존의 은행 기반 신용점수가 아니라, 네이버 플랫폼 내 이용 이력과 마이데이터 정보를 바탕으로 산정된다. 자주 사용하는지, 정기구매 이력이 있는지, 멤버십을 유지하고 있는지, 결제 연체 경험이 있는지 하는 기준은 소비자와 함께 호흡하는 신용평가 모델이며, 플랫폼이 만든 신용점수는 은행이 만든 숫자보다 더 즉각적이고 실제적이다.

신용은 숫자가 아니라 행동의 누적이다. 이커머스의 고객 행동은 단순한 거래가 아니라 신뢰의 축적 과정이다. 한 고객이 매달 3만 원어치 생필품을 정기적으로 구매하고, 환불이나 반품 없이 일관된 패턴을 보이며, 멤버십을 해지하지 않고 유지하고 있다면, 은행의 기준에서는 '신용등급 미보유자'일 수 있어도, 플랫폼에서는 '소액신용 거래 가능자'가 된다. 실제로 결제 신뢰도가 높은, 소비 기반 신용을 보유한 사용자다. 이런 고객을 위해 설계되는 것이 바로 쇼핑 기반의 마이크로크레딧micro-credit 구조다.[18] 선결제할 자금이 부족한 고객에게 일정 금액을 즉시 후불로 제공하고, 그에 대한 이자나 수수료는 없거나 낮으며, 향후 구매 행동에 따라 한도가 자동 조정되는 방식의 구조는 기존의 금융상품은 따라가지 못한다. 마이크로크레딧은 지금의 행동에 따라 즉시 반응하는 신용 구조를 가능케 한다.

이제 은행은 더 이상 신용을 만들어내는 곳이 아니다. 신용은 외부에서 만들어지고, 은행은 그 신용 데이터를 해석하고 상품화하는 역할을 맡는다. 이 지점에서 BaaS의 역할은 결정적이다. 플랫폼은 고객 데이터를 분석해 누구에게 금융이 필요한지를 지정하고, 은행은 BaaS API를 통해 그 고객에게 적합한 금융 기능을 제공한다. 단기 후불결제, 소액 대출, 리워드 연동형 적금 등 플랫폼 안에서 실행되는 금융 기능은 모두 은행이 BaaS 구조를 통해 기능 단위로 공급해야 가능한 모델이다. 예컨대, 최근 3개월간 월 5회 이상 정기구매를 유지하고 있으며, 모든 결제를 쿠페이머니로 처리했고, 환불 이력이 없다면, 플랫폼은 이 데이터를 바탕으로 최대 20만 원 한도까지 후불결제를 제안할 수 있다고 판단한다. 은행은 이를 바탕으로 대출/결제 API를 호출하고, 사용 결과에 따라 신용과 상품이 함께 업데이트된다.

결국 이 구조는 다음과 같은 방향으로 정리된다. 신용은 행동에서 만들어지고, 행동은 플랫폼에서 관찰되며, 금융은 은행이 실행한다. 쇼핑 데이터를 신용으로 바꾸는 법은 그 데이터를 더 많이 모으는 것이 아니라, 그 데이터를 신용으로 '읽는 법'과 금융으로 '연결하는 법'을 설계하는 일이다. 그리고 그 연결을 가능케 하는 것이 기능 단위로 연결되는 BaaS 구조다. 반복된 행동이 쌓이면 그것은 곧 결제 신뢰가 되고 신용이 되며 금융을 부른다. 신용은 이제 은행이 만드는 것이 아니라, 은행이 응답해야 하는 것이 되었다.

(3)
PLCC, 포인트, 제휴카드가 만드는 새로운 금융 경제

커머스는 고객의 돈을 받는 곳이지만, 더 정확히 말하면 고객의 결제를 유도하는 심리 구조를 설계하는 곳이다. 그 중심에 있는 두 가지 도구가 있다. 하나는 PLCC이고, 다른 하나는 포인트 시스템이다. 이 두 가지는 처음에는 혜택이었고, 이제는 경제가 되었으며, 점점 더 금융과 결합된 새로운 형태의 통화 시스템으로 진화하고 있다.

PLCC는 언뜻 보면 기존의 신용카드와 크게 다르지 않다. 카드 회사와 브랜드가 협업해 만든 전용 카드라 그 브랜드에서만 더 높은 적립률과 할인율이 제공된다. 하지만 커머스 플랫폼의 입장에서 PLCC는 결제 수단이 아니라 '충성도 관리 시스템'이다. 예컨대, 쿠팡은 KB국민카드와 함께 '쿠팡 PLCC'를 출시했고, 네이버는 신한카드와 '네이버페이 카드'를 만들었으며, SSG는 'SSG PLCC'를 통해 자사몰 중심의 혜택 구조를 강화했다. 고객에게는 혜택처럼 보이지만, 기업 입장에서는 데이터를 통합하고 반복 구매를 유도하며 고객 생애가치LTV를 끌어올리는 전략 도구다. 결제 후 자동 적립, 리워드 알림, 쇼핑 히스토리 연동 리마인드 등 다양한 기능을 제공하는 방식은 결제 수단을 넘어선 경험 설계의 일부로 자리 잡고 있다.

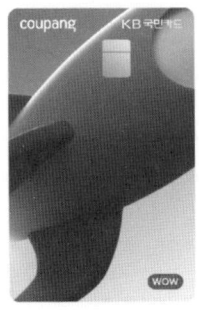 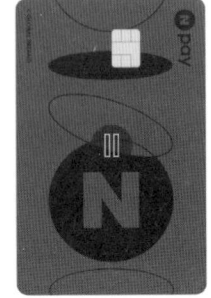 

○ 출처: 쿠팡, 네이버, SSG

포인트는 원래 보너스라, 쓰지 않으면 그만인 마케팅 부속품이었다. 그러나 지금은 다르다. 포인트는 다음과 같은 기능으로 고객이 실제 '자산'으로 인식하는 단위가 되고 있다.

충전 가능하다.
적립 시 바로 사용된다.
계좌처럼 잔액이 유지된다.
일부는 환불 가능하다.
충전 시 이자성 포인트 지급까지 시도된다.

실제로 몇몇 플랫폼은 일정 금액 이상 충전 시 소액 이자를 제공하는 형태의 포인트 잔고 관리 실험을 진행하고 있다. 이것은 단순한 이벤트가 아니라, 포인트를 금융화하려는 시도이자, 은행의 입출금 통장을 플랫폼 내로 이식하려는 실험이다.

쿠팡의 쿠페이머니, 네이버페이의 충전 포인트, SSG페이의 머니 잔액까지 모든 흐름은 플랫폼 내부에 자체적인 결제 생태계, 즉 폐쇄형 통화 시스템을 만드는 과정이다. 이 시스템은 고객을 묶고, 소비를 내부에서 돌게 하며, 외부 결제 수단의 개입을 차단한다. 그리고 여기서 은행의 역할은 결제 시스템만 제공하는 것이 아니다. 은행은 다음과 같은 방식으로 이 구조에 개입한다.

- PLCC 발급에 따른 고객 등급화, 데이터 연계
- 포인트 잔고에 대한 가상계좌 생성 및 자산화 설계
- 충전형 포인트에 대한 정기 이자 또는 캐시백 설계 지원
- 카드사·은행 간 거래 흐름의 API 연동 등

이제 플랫폼은 은행에 어떤 금융상품이 있는지 묻지 않는다. 대신, "우리는 고객의 구매 패턴을 알고 있어요. 그 흐름에 맞춰 사용할 수 있는 기능 단위 금융을 제공해줄 수 있나요?"라고 요청한다. BaaS는 그 요청에 응답하는 구조다. 충전 계좌 생성, 정산 주기 설정, 적립금 자동 처리, 카드 API 연동, 후불한도 제공 등 은행은 금융을 '상품'이 아니라 '기능'으로 제공하고, 커머스는 그 기능을 자신의 설계에 맞게 배치한다.

PLCC는 관계 설계이고, 데이터 수집 도구이며, 반복 행동의 유도

장치이며, 포인트는 사용 가능한 통화이고, 고객의 재방문을 전제하는 자산이다. 커머스는 이 두 가지를 가지고 작은 경제 시스템을 만들고 있고, 은행은 그 안에서 통화 시스템을 구성하는 기술 제공자로 기능하고 있다. 이 흐름을 통합적으로 제공하는 구조가 BaaS가 현실에서 작동하는 방식이다.

은행의 미래는 금융상품이나 인프라 자체의 경쟁력을 넘어, 고객이 어떤 경험을 통해 금융을 접하는가에 따라 결정되고 있다. 최근 금융 소비자들은 은행의 이름이나 금리보다 어떤 플랫폼을 통해 금융을 이용했는가를 더 먼저 인식한다. 대출은 카카오에서, 적금은 토스에서, 결제는 네이버페이에서 이루어진다. 고객은 여전히 금융을 이용하고 있지만, 그 과정에서 은행이라는 존재는 점점 전면에서 사라지고 있다.

이제 금융의 핵심은 상품이 아니라 경험이며, 그 경험을 설계하는 주체는 더 이상 은행이 아니다. 플랫폼 기업은 직관적인 사용자 인터페이스, 브랜드 신뢰도, 빠른 접근성과 같은 요소를 바탕으로 고객의 금융 활동 전반을 주도하고 있다.

반면, 은행은 이러한 플랫폼 내에서 기능을 공급하는 역할, 즉 백엔드 파트너로의 전환을 요구받고 있다. 이와 같은 변화는 단순한 기술 도입을 넘어, 금융 산업의 구조와 역할 자체를 재정의하는 플랫폼 전략의 시작점이 된다.

고객의 경험을 중심으로 금융이 설계되고, 플랫폼이 그 접점을 선점하는 구조에서 은행은 생존과 경쟁력을 확보하기 위해 새로운 전략이 필요하다. 3장에서는 은행이 플랫폼과 어떻게 연결되고, 금융 기능이 어떤 방식으로 고객 경험 안에 녹아들며, 데이터와 기술을 기반으로 플랫폼 전략이 어떻게 전개되는지 살펴본다.

3장

은행보다 기억에 남는 건 플랫폼이다

사람들은 은행보다 플랫폼을 신뢰한다

　금융은 여전히 일상 곳곳에서 사용되고 있지만, 고객에게 은행의 존재감은 점차 흐려지고 있다. 대출은 카카오에서, 적금은 토스에서, 결제는 네이버페이로 이루어진다. 이처럼 금융 기능은 플랫폼 안에 자연스럽게 녹아들고 있으며, 고객은 이제 어느 은행의 상품인지보다는 어디에서 그 금융을 경험했는지를 더 또렷이 기억한다.

　이러한 변화는 접근 채널의 차이를 넘어, 금융 서비스의 주체가 이동하고 있다는 것을 보여준다. 과거에는 은행이 금융의 중심에 있었고, 고객은 은행의 브랜드와 상품을 기준으로 선택했다. 하지만 이제는 플랫폼이 경험을 설계하고, 은행은 그 안에서 기능만을 수행하는 구조다.

　플랫폼은 직관적인 사용자 인터페이스와 높은 접근성, 일상적인 접점을 바탕으로 금융 서비스의 전면에 서고 있으며, 은행은 그 플랫폼 안에서 백엔드 인프라처럼 작동하고 있다. 결과적으로 고객은 여전히 금융을 이용하지만, 그 과정을 통해 기억하는 것은 플랫폼의 브랜드다.

여기에서는 금융 경험의 주체가 어떻게 플랫폼으로 이동하고 있는지 살펴본다. 특히 고객 인식의 변화, UX가 만들어낸 신뢰, 그리고 브랜드 관점에서의 금융 소비 방식 전환을 중심으로, 은행이 어떤 방식으로 보이지 않는 존재로 전환되고 있는지 분석하고자 한다.

[1]
브랜드보다 중요한 것은 '경험'이다

금융은 여전히 일상에 깊이 들어와 있지만, 은행이라는 존재는 묻히고 있다. 사람들은 금융상품을 이용하면서 어디서 만들었는지보다는, 어디에서 그 경험을 했는지를 더 선명하게 떠올린다. 가령, 적금을 들면 "토스에서 가입했어"라고 말하고, 대출을 받으면 "카카오에서 해결했어"라고 한다. 결제할 때도 "네이버페이로 결제했지"라고 자연스럽게 말한다.

이러한 인식 변화는 브랜드가 자주 노출되었기 때문만은 아니다. 고객이 금융을 사용하는 전 과정이 플랫폼의 UX 안에서 설계되기 때문이다. 탐색부터 비교, 가입, 실행, 관리까지 모든 단계가 하나의 흐름 안에 통합되며, 은행은 그 안에서 계좌 개설, 결제, 대출 등 기능만을 제공하는 백엔드의 존재로 머무른다.

무엇보다 플랫폼은 고객의 생활과 밀착되어 있다. 카카오는 메신저 기반으로 금융 서비스를 연결하고, 토스는 송금, 적금, 보험, 투자까지 단일 앱 안에서 경험하도록 설계했다. 네이버는 검색과 쇼핑 중심의 고객 흐름 안에 네이버페이, 네이버통장 등을 자연스럽게 배치해 금융과 소비의 경계를 흐린다. 쿠팡은 쿠페이머니를 충전하면 캐시를 리워드하는 구조를 운영하며, 배달의민족은 배민페이와 제휴 대출로 소상공인을 지원하고 있다. 이마트와 롯데, GS 등 주요 유통사들도 자체 간편결제와 선불 포인트 시스템을 활용해 쇼핑 중에 금융이 끼어드는 구조를 실현하고 있다.

결국 고객은 상품을 어떤 은행에서 만들었는지보다는, 그 경험을 누구를 통해 했는가에 더 많은 의미를 부여한다. 자주 사용하는 플랫폼에 익숙해진 고객은 복잡한 금융 과정을 신뢰할 수 있는 UX 안에서 빠르게 처리할 수 있다는 점에 안도감을 느낀다. 이 과정에서 플랫폼은 편의성, 익숙함, 즉시성을 모두 제공하고, 이런 경험이 쌓이며 고객의 기억 속에서 브랜드는 플랫폼으로 대체된다. 고객은 여전히 금융을 사용한다. 그러나 그 금융은 더 이상 은행의 이름으로 기억되지 않는다. 상품은 은행이 만들고 조건도 은행이 결정하지만, 고객이 만나는 첫 화면, 사용의 흐름, 결제의 확인창에는 플랫폼의 로고만이 남아 있다. 은행은 존재하지만, 그 존재는 묻혔다. 고객이 금융을 경험할 때 은행이 아닌 플랫폼을 기억하는 것이 지금 금융이 겪고 있는 가장 근본적인 변화다.

[2]
좋은 UX가 신뢰를 만든다

플랫폼이 고객에게 금융 서비스를 제공할 수 있게 된 배경에는 UX의 압도적인 힘이 자리하고 있다.[19] 고객이 은행보다 플랫폼을 더 신뢰하는 이유는 기능이나 상품의 차이 때문이 아니다. 플랫폼에서 더 쉽고 빠르며 직관적인 경험을 하기 때문이다.

전통적인 금융 서비스는 오랜 시간 동안 고정된 틀 안에서 작동해 왔다. 복잡한 메뉴 구조, 긴 가입 절차, 반복적인 본인 인증, 알아보기 어려운 상품 설명 등은 많은 고객에게 불편함과 거리감을 주었다. 반면, 플랫폼은 고객이 원하는 결과에 가장 빠르게 도달하도록 설계된 흐름을 제공한다. 은행이 상품을 설명하는 데 집중했다면, 플랫폼은 고객이 실행할 수 있게 만드는 데 집중한 셈이다. 예를 들어, 토스에서는 적금 상품을 비교하는 과정이 간결하다. 화면 하나에 다양한 은행 상품의 조건이 정리돼 있고, 가입 절차는 클릭 몇 번이면 끝난다. 카카오에서는 대출 조회부터 실행까지의 과정이 메신저 인터페이스 안에서 자연스럽게 이어진다. 고객은 무엇을 해야 할지 고민하지 않고, 시스템이 먼저 안내하고 움직이는 구조 속에서 마치 앱을 사용하는 것처럼 금융을 '사용'한다.

이런 UX는 편리함을 넘어서 신뢰 형성의 기반이 된다. 사용자는 잘 작동하는 인터페이스를 통해 '이 플랫폼은 믿을 수 있다'는 감정을 느끼고, 그 감정이 반복될수록 금융 서비스 자체에 대한 신뢰 역시 플랫폼에 귀속된다. 은행의 브랜드는 보이지 않아도, 고객은 '이 안에서라면 괜찮다'는 심리적 확신을 갖는다. 무엇보다 중요한 점은, 플랫폼은 고객과의 빈도 높은 접점을 기반으로 신뢰를 축적해간다는 것이다.

토스와 카카오는 자주 접속하는 습관이 만들어지고 사용 맥락이 다양해지면서, 금융 외 영역에서 금융으로 신뢰가 확장된다. 이는 서비스 품질에 대한 평가를 넘어, 고객의 행동과 감정, 습관이 플랫폼을 중심으로 형성되는 방식 자체에 깊이 뿌리내리고 있다.

고객으로서는 '은행이라는 제도에 대한 믿음'이 아니라, '경험을 제공한 인터페이스에 대한 신뢰'로 전환되었다. UX가 만든 신뢰는 은행의 자리를 대체하고 있으며, 플랫폼은 이제 그 신뢰를 바탕으로 자체 금융 브랜드처럼 작동하고 있다.

[3]
은행은 경험에서 지워지고 있다

은행은 여전히 금융을 만든다. 계좌도 은행에서 발급되고, 대출도 은행 자금을 통해 이뤄진다. 그러나 고객은 점점 그 사실을 인식하지 않는다. 금융을 실제로 설계하고 실행하는 주체는 은행이지만, 고객의 눈에 보이는 전면은 플랫폼이 담당한다.

이제 금융은 은행이 제공하지만, 플랫폼에서 경험하게끔 만든다. 이러한 변화는 브랜드가 덜 보이는 수준이 아니다. 은행이 기능을 갖고 있지만, 경험의 설계자는 아니라는 구조적 위치 변화를 의미한다.

플랫폼은 고객의 관심이 향하는 모든 접점을 선점하고 있으며, 고객이 느끼는 감정, 편의, 신뢰, 만족은 모두 플랫폼의 몫이 되었다.

은행은 플랫폼이 만든 경험 안에서, 필요할 때 호출되는 API처럼 등장했다가 사라지는 존재다. 과거에는 은행 앱이 금융의 유일한 출발점이었다. 이제는 플랫폼 안에서 금융을 자연스럽게 만나는 흐름으로 바뀌었다. 토스에서 적금을 시작하고, 카카오톡에서 대출을 실행하고, 네이버에서 결제와 포인트 관리를 하는 방식은 고객의 금융 여정을 은행이 아닌 플랫폼이 설계하고 주도한다는 사실을 보여준다.

이런 흐름에 따라 은행의 이름은 점점 뒤로 밀린다. 때로는 플랫폼 안에서 상품을 추천받은 뒤 이게 무슨 은행 상품인지 마지막에야 알게 된다. 은행은 선택의 대상이 아니라, 경험 흐름 속에 숨어 있는 구조물이 되었다. 그리고 고객은 은행이 눈에 보이지 않아도 전혀 불편을 느끼지 않는다.

이는 은행이 경험에서 지워지고 있다는 증거다. 그러나 이 변화는 은행의 퇴장이라기보다는 역할의 재배치다. 플랫폼은 고객의 접점에서 신뢰와 사용성을 설계할 수는 있지만, 금융을 실제로 '발생'시킬 수 있는 권한은 갖고 있지 않다. 법적으로 예금을 받거나, 여신대출을 실행하거나, 지급결제 계좌를 발급할 수 있는 권한은 금융감독기관의 인가를 받은 은행에만 부여된다.

플랫폼은 그 위에 경험을 쌓을 수 있을 뿐, 제도적 기반은 어디까지나 은행이 책임진다. 결국 지금의 구조는 은행이 금융의 본질을 공급하고, 플랫폼이 그 외피를 설계하는 협업 모델이다.

  은행은 보이지 않지만, 반드시 있어야 한다. 금융은 플랫폼에서 실행되지만, 금융의 구조는 여전히 은행이 만든다. 고객에게는 그 존재가 지워지고 있지만, 시스템적으로는 가장 깊은 곳에 남아 있다. 이것이 은행이 경험에서는 사라지고 제도와 기능으로만 움직이는 방식이다.

— 02 —

고객이 원하는 건 이자보다 혜택과 경험이다

　디지털화와 기술의 발전이 금융 환경을 변화시키면서, 소비자들의 요구는 급격하게 진화하고 있다. 과거에는 은행이 제공하는 이자나 안정성만으로 금융상품이 매력적인 요소로 작용했지만, 이제 소비자들은 단순히 이자만 원하는 것이 아니다. 그들이 원하는 것은 '혜택'이다. 즉, 더 많은 혜택을 통해 생활 속에서 실제로 가치를 느끼는 금융 서비스를 요구하는 것이다.

　금융이 소비자의 일상과 더욱 밀접하게 연관되면서, 쇼핑을 위한 저축처럼 소비자가 실제로 활용하고 즐길 수 있는 금융상품이 중요해졌다. MZ세대밀레니얼+Z세대는 전통적인 금융 서비스를 넘어, 자신들의 라이프스타일에 맞춘 스마트하고 혁신적인 금융 서비스를 선호한다. 이들은 금융의 본질적인 기능을 뛰어넘어, 더 나은 경험과 편리함을 제공하는 서비스를 찾고 있다.

　은행들은 더 이상 단순한 금융 거래의 기능을 넘어, 소비자에게 가치를 전달하는 방식으로 금융 서비스를 혁신해야 한다. 소비자의 관점에서 출발하는 금융 전략이 필수적이다. 소비자 중심의 금융 환경에서는 기술과 데이터 분석을 통해 소비자의 니즈를 빠르게 반영하고, 그들이 원하는 실질적인 혜택을 제공하는 것이 중요한 과제가 된다.

이제 금융 서비스는 단순한 저축이나 대출의 개념을 넘어, 소비자 경험을 극대화할 수 있는 방향으로 진화하고 있다.

(1)
이자보다 실질적인 혜택이 더 중요하다

전통적인 금융 모델에서는 고객이 가장 중요하게 여긴 요소는 바로 이자였다. 은행 예금, 적금, 채권 투자 등의 상품들은 고객에게 이자를 제공하는 것으로, 이자는 금융기관에서 가장 기본적인 역할을 했다. 그러나 최근 들어 금융 소비자들의 요구는 달라지고 있다. 특히 저금리 환경에서는 이자율이 낮아지고, 고객들은 이자만으로 만족하기 어려운 상황에 처했다. 이로 인해 고객들은 단순히 이자를 쌓는 것에서 벗어나, 실질적인 혜택을 요구하는 방향으로 패러다임이 이동하고 있다.

이러한 변화는 특히 MZ세대에서 두드러지게 나타난다. MZ세대는 금융상품을 선택할 때 단순히 높은 이자율을 추구하는 것이 아니라, 실제 생활에서 유용하게 사용할 수 있는 '혜택'을 선호한다. 예를 들어, 다양한 쇼핑몰과 제휴된 금융상품에서 제공하는 할인 쿠폰, 포인트 적립, 여행 혜택 등은 이들에게 큰 매력으로 다가간다. 그들이 금융상품을 선택하는 기준은 점점 더 "얼마나 이자가 높은지"가 아니라, "내 일상에 얼마나 직접적으로 도움이 될 수 있는지"로 바뀌고 있다.

주요 플랫폼의 혜택 UI 비교

서비스	주요 혜택 UI 요소	시각적 강조 포인트	사용자 경험 특징
토스	포인트 현황, 리워드 버튼, 이벤트	컬러 버튼, 카드형 UI	즉시 보상, 간결한 정보, 맞춤형
카카오페이	쿠폰함, 할인 내역, 포인트 적립	상단 바코드, 쿠폰함, 지도	결제와 동시에 혜택, 간편 적용
쿠팡 PLCC	적립 내역, 쿠팡캐시, 프로모션	적립 금액, 적립률, 배너	실시간 적립, 원스톱 혜택 확인

일부 저축 상품은 고객이 일정 금액을 예치할 경우, 특정 쇼핑몰에서 사용할 수 있는 할인 쿠폰이나 포인트를 제공하기도 한다. 또한, 고객이 일정 금액 이상을 예치하거나 특정 기간 동안 예치하면 여행, 레스토랑, 헬스케어 등 다양한 분야에서 활용할 수 있는 무료 혜택을 제공하는 프로그램도 있다. 이러한 혜택은 고객들이 금리가 높은 상품을 선택하는 대신, 일상에서 실제로 사용할 수 있는 가치를 추구하게 만든다.

이러한 변화는 고객들이 금융상품에서 원하는 것이 돈을 예치하고 이자를 받는 것을 넘어서, 일상적인 소비와 연결된 혜택을 통해 더 큰 가치를 창출하는 것임을 보여준다. 저금리 시대에 이자보다는 실생활에서 활용할 수 있는 혜택을 우선시하는 고객들의 요구에 맞춰, 금융상품은 점차 고객의 라이프스타일을 반영하는 방향으로 진화하고 있다.

[2]
적금보다 충전, 예금보다 포인트

저축의 개념은 돈을 예치해두고 이자를 받는 형태에서, 소비와 결합된 형태로 변화하고 있다. 전통적인 적금 상품은 일정 기간 동안 일정 금액을 예치하고, 그에 대한 이자만 받는 방식이었다. 그러나 최근 등장한 '쇼핑적금' 같은 금융상품은 고객들에게 저축과 동시에 실질적인 소비 혜택을 제공하는 혁신적인 방식을 채택하고 있다. 이러한 금융상품은 고객에게 단순히 금액을 예치하는 것 이상의 가치를 전달한다.

예를 들어, 쿠팡의 간편결제 서비스인 쿠페이는 사용자가 미리 충전한 잔액(쿠페이머니)으로 결제할 경우, 결제금액의 최대 5%를 쿠팡캐시로 적립해주는 리워드 프로그램을 운영하고 있다.[20] 월 최대 1만 원까지 적립할 수 있으며, 쿠페이머니로 결제할 때에만 적용된다. 전통적인 예·적금처럼 이자를

○ 출처: 쿠팡

지급하는 금융상품은 아니지만, 소비와 직접 연결된 실질적인 혜택을 제공한다는 점에서 '리워드형 금융 경험'으로 분류할 수 있다.

사용자는 쿠페이머니를 충전하고 구매 활동을 할수록 더 많은 혜택을 받는다. 쇼핑에 연동된 적립 구조는 소비 리워드 기반 금융 혹은 쇼핑을 위한 적립이라는 표현이 더 어울리는 방식이다. 고객은 더 이상 금융상품을 통해 단순히 자산을 축적하는 것이 아니라, 일상적인 소비와 맞물린 혜택을 기대한다.

이와 유사한 방식은 다른 유통사에서도 확인할 수 있다. 이마트는 '선불충전형 이마티콘' 서비스를 통해 일정 금액을 충전하면 추가 적립이나 할인 혜택을 제공하고, 롯데는 엘포인트L.POINT와 엘페이L.pay 등 자체 간편결제·포인트 시스템을 통해 충전형 서비스를 운영 중이다. 사용자가 엘포인트를 충전해 롯데 계열 유통사에서 결제할 경우, 포인트 적립 외에도 추가 리워드나 할인 쿠폰을 제공하는 방식이다.

최근에는 엘페이 충전금의 3% 추가 적립, 첫 결제 시 엘포인트 5배 적립 등 다양한 프로모션이 진행되었으며, 한때 제공되던 롯데잇츠 카드롯데리아 등 프랜차이즈용 선불카드의 충전형 리워드 서비스는 2025년부터 신규 발급과 충전 기능이 중단되었다. 이처럼 쿠팡, 이마트, 롯데 등 주요 커머스·유통사는 선불 충전금에 대한 포인트 적립, 할인, 쿠폰 등 실질적 리워드를 제공하는 구조를 실제로 운영하고 있으며, 이는 소비자 경험 설계가 기존 금융의 영역을 넘어 유통·커머스 플랫폼까지 확장되고 있음을 보여준다.

[3]
MZ세대는 어떻게 금융을 선택할까?

MZ세대는 금융 서비스를 선택할 때, 단순히 금리가 좋다거나 이자가 높다는 이유만으로 상품을 선택하지 않는다. 이들은 직관적이고 사용하기 쉬운 금융 서비스를 원한다. 디지털 네이티브 세대인 MZ세대는 모바일 뱅킹과 같은 디지털 채널을 통해 금융 서비스를 이용하는 것에 익숙하다. 이러한 점에서 금융 서비스의 UX 디자인은 매우 중요하다. MZ세대는 복잡한 절차나 긴 대기 시간을 견디지 않으며, 빠르고, 직관적이며, 개인화된 서비스를 원한다.

디지털 뱅킹 서비스를 제공하는 기업들은 MZ세대의 요구를 충족시키기 위해 UX/UI 디자인에 많은 노력을 기울인다. 카카오뱅크와 토스와 같은 디지털 뱅킹 앱은 고객의 편의를 고려해 심플하고 직관적인 인터페이스를 제공하며, 사용자가 원하는 정보를 빠르게 찾을 수 있도록 돕는다. 이러한 서비스들은 고객이 모바일 뱅킹을 통해 송금, 입출금, 대출 신청 등 다양한 금융 서비스를 신속하고 간편하게 이용할 수 있도록 한다.

또한, 고객 맞춤형 서비스도 중요한 요소로 부각되고 있다. MZ세대는 자신에게 맞는 상품과 서비스를 원한다. 이를 위해 금융업계는 AI를 활용하여 고객의 소비 패턴과 데이터를 분석하고, 이를 바탕으로 맞춤형 서비스를 제공하는 방향으로 나아가고 있다. 예를 들어, 토스는 사용자의 금융 거래 내역과 소비 패턴을 분석해, 개인 맞춤형 대출 한도나 투자 상품을 실시간으로 추천하고 있다. 카카오페이 역시 사용자의 월별 소비 내역을 분석해 맞춤형 금융 리포트를 제공하거나, 소비 성향에 따라 포인트, 보험, 대출 상품 등을 제안하는 개인화 기능을 강화하고 있다.

결국 MZ세대는 기존의 금융 서비스에서 벗어나, '간편함', '직관성', 그리고 '개인화'를 중시하는 금융 UX를 원하고 있다. 이는 금융 서비스의 디지털화뿐만 아니라, 고객 중심의 혁신적 접근 방식이 점점 더 중요해지는 이유다. MZ세대의 이러한 요구를 충족시키기 위해 금융 기업들은 지속적으로 UX 개선에 힘쓰고 있으며, 이는 향후 금융 시장의 핵심 경쟁력이 될 것이다.

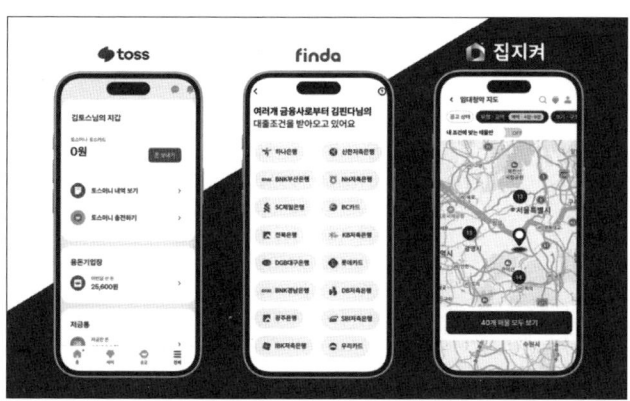

○ 출처: 전자신문, MZ들 휴대폰에 있는 금융앱은 무엇?

커머스 기업은 왜 직접 금융을 하려고 할까?

BaaS는 전통적인 은행의 역할을 벗어나 다양한 플랫폼이 금융 서비스를 제공할 수 있도록 하는 금융 혁신 모델이다. 이는 소비자에게 더 나은 서비스를 제공하고, 비금융 기업들이 기존 금융 시스템에 진입할 수 있는 길을 열어준다. 특히, 커머스 기업에서 BaaS를 활용하려는 이유는 비용 절감뿐만 아니라 고객 로크인과 금융 브랜딩, 다양한 플랫폼 전략을 가능하게 만들기 때문이다.

(1)
단순한 수수료 절감 그 이상

BaaS를 도입한 커머스 기업들은 전통적인 은행과 협력하거나, 직접 금융 서비스를 구축하는 데 드는 막대한 초기 투자 비용을 절감할 수 있다. 전통적인 방식으로 은행을 운영하려면, 규제 준수, 인프라 구축, 고객 데이터를 관리하는 시스템 등 많은 비용과 시간이 소요된다.

이에 비해 BaaS는 금융 서비스의 핵심 인프라를 외부의 금융 파트너로부터 제공받을 수 있어서, 커머스 기업으로선 초기 비용 부담을 크게 줄일 수 있다.

BaaS는 고객에게 금융 서비스를 제공하면서도, 이를 통해 고객에게 제공할 수 있는 새로운 가치를 창출할 수 있게 한다. 예를 들어, BaaS 플랫폼을 통해 금융 서비스를 추가함으로써 커머스 기업들은 수수료나 추가 수익을 발생시킬 수 있다. 따라서 BaaS는 단순히 비용 절감의 수단이 아니라, 고객에게 제공하는 가치를 극대화하고 수익을 창출하는 전략적인 도구로 작용한다.

[2]
고객을 불잡기 위한 '로크인 전략'

BaaS는 커머스 기업들이 고객 로크인을 강화하는 데 중요한 역할을 한다. 고객 로크인 전략은 고객이 자사의 플랫폼을 떠나기 어렵게 만드는 방법을 의미한다. 금융 서비스는 고객의 생활에 밀접하게 연결된 서비스이기 때문에, 금융 서비스를 제공하는 커머스 기업은 고객의 전반적인 생활에 자리 잡을 수 있다. 고객이 쇼핑을 위해 사용하는 플랫폼에서 결제와 대출 서비스를 동시에 제공받는다면, 이들은 그 플랫폼에서 벗어나기 어려워진다.

아마존은 자체적으로 제공하는 결제 시스템인 아마존페이Amazon Pay를 통해 고객의 결제 데이터를 확보하고, 아마존 내에서의 소비를 유도한다. 고객이 아마존을 통해 결제하고 그곳에서 대출이나 금융 상품을 이용하게 되면, 자연스럽게 아마존의 플랫폼에 대한 의존도가 높아진다. 고객이 이탈하지 않도록 유도하는 전략은 고객 로크인이라 불리며, 이는 커머스 기업이 금융 서비스를 도입함으로써 한층 더 강력하게 실현할 수 있다.

BaaS를 활용하면 커머스 기업은 금융 서비스를 통해 브랜드 인식을 강화할 수 있다. 고객들이 자주 사용하는 플랫폼에서 제공하는 금융 서비스를 이용하면, 해당 기업의 브랜드는 고객의 일상적인 활동 속에 깊숙이 자리 잡는다. 예를 들어, 쇼핑몰에서 제공하는 포인트 시스템과 결제 서비스는 고객의 행동과 맞물려 있기 때문에 고객에게 그 브랜드에 대한 인식이 자연스럽게 강화된다. 금융 서비스는 고객과의 접점을 확대시킬 수 있는 강력한 수단이 된다.

[3]
은행을 파트너로 삼는 플랫폼 전략

BaaS는 은행을 금융 서비스를 제공하는 기관을 넘어, 커머스 기업이 플랫폼 전략의 중요한 파트너로 삼을 수 있는 기회가 된다. 이러한 전략으로 커머스 기업이 자체적으로 금융 서비스를 제공하는 것과 유사한 경험을 고객에게 제공하면서도, 은행의 인프라와 규제 준수 시스템을 활용할 수 있다. 이는 커머스 기업들이 기존의 금융 생태계와 완전히 차별화된 방법으로 고객에게 더 혁신적이고 포괄적인 서비스를 제공할 수 있는 기회를 열어준다.

전통적으로 커머스 기업들은 은행과 제휴하여 금융 서비스를 제공하는 형태였지만, BaaS를 도입함으로써 커머스 기업들은 은행의 금융 인프라를 효율적으로 활용할 수 있다. 은행은 금융상품을 운영하는 데 필요한 모든 인프라와 규제 준수 시스템을 이미 갖추고 있으며, BaaS는 이러한 시스템을 외부 기업에 제공하는 방식으로 작동한다. 커머스 기업은 은행이 제공하는 안전하고 신뢰할 수 있는 인프라를 바탕으로, 자신의 플랫폼에서 금융 서비스를 직접 제공할 수 있다. 커머스 기업은 고객의 예금, 대출, 보험, 카드 결제 등 다양한 금융 서비스를 은행의 시스템을 통해 운영하면서도, 이러한 서비스를 고객에게 통합된 UX로 제공할 수 있다. 고객은 기존 은행 시스템을 사용하고 있다는 인식 없이 커머스 기업의 플랫폼 내에서 금융 서비스를 이용할 수 있으며, 이는 고객에게 더 편리하고 직관적인 경험을 제공한다.

BaaS 모델은 커머스 기업이 고객 데이터를 기반으로 맞춤형 금융상품을 제공할 수 있도록 돕는다. 고객의 소비 패턴, 거래 내역, 선호도 등을 분석하여, 해당 고객에게 최적화된 금융상품을 제시할 수 있다. 커머스 기업은 자사의 플랫폼에서 고객이 소비한 데이터를 활용하여, 맞춤형 대출 상품이나 적금 상품을 추천하는 형태로 고객 맞춤형 서비스를 제공할 수 있다. 이 방식은 고객에게 일률적으로 금융상품을 제공한다기보다는, 고객이 실제로 필요로 하는 상품을 맞춤형으로 제안함으로써 고객 만족도를 높일 수 있다. 자사의 쇼핑 패턴에 맞춰 금융상품을 추천받는 것은 고객에게 매우 긍정적인 경험을 제공하며, 동시에 커머스 기업은 고객과의 관계를 더욱 깊게 구축할 수 있다.

커머스 기업이 BaaS를 도입하면서 얻는 또 다른 이점은 금융 브랜딩을 강화할 수 있다는 점이다. 전통적으로 은행은 금융상품과 서비스를 제공하는 기관으로 인식되지만, BaaS 모델을 활용하는 커머스 기업은 금융상품을 제공함으로써 자사의 브랜드를 고객의 일상과 밀접하게 연결할 수 있다. 고객은 쇼핑몰에서 상품을 구입하는 동시에 금융 서비스를 이용하는 경험을 통해, 커머스 기업에 대한 인식이 자연스럽게 강화된다.

쿠팡은 고객이 쿠팡적금을 이용하면서 동시에 쿠팡 내에서 쇼핑할 수 있는 포인트를 적립하는 방식으로, 고객의 금융 서비스와 쇼핑 활동을 통합시키고 있다. 이와 같은 서비스는 고객에게 실질적인 혜택을 제공하면서도, 쿠팡 브랜드에 대한 충성도를 높여주는 효과가 있다. 또한, 고객이 자주 이용하는 커머스 기업에서 금융 서비스를 이용하면, 해당 기업에 대한 긍정적인 브랜드 이미지를 심어줄 수 있다. 금융 서비스는 고객의 실생활에 밀접하게 연관되어 있기 때문에, 커머스 기업이 제공하는 금융 서비스를 통해 그 브랜드의 가치를 강화할 수 있다.

BaaS 모델은 커머스 기업이 고객 로크인 전략을 강화할 수 있는 중요한 도구가 된다. 고객 로크인 전략은 고객이 특정 플랫폼에서 제공하는 다양한 서비스를 이용함으로써, 해당 플랫폼에 대한 의존도를 높이는 것이다. 금융 서비스를 제공함으로써 커머스 기업은 고객이 자사의 플랫폼을 떠나지 않도록 유도할 수 있다.

네이버는 간편결제 서비스인 네이버페이를 통해 고객 로크인 전략을 강화하고 있다. 최근 도입한 신용결제 서비스는 고객이 네이버페이로 상품을 결제할 때 충전 잔액뿐 아니라 후불 결제 기능까지 이용할 수 있도록 한다. 여기에 스마트스토어, 네이버쇼핑, 콘텐츠 구독 등 다양한 영역에서 네이버페이 포인트 적립 혜택이 연결되어, 고객은 네이버 생태계 안에서 결제와 금융을 통합적으로 경험한다.

이처럼 플랫폼 안에서 결제 수단과 금융 서비스를 함께 제공하는 방식은 금융 브랜딩과 고객 로크인 효과를 동시에 실현하는 전략이다. 고객은 다른 금융 서비스를 별도로 이용하기보다는 자신이 익숙한 플랫폼 안에서 모든 기능을 해결하려는 경향을 보인다. 이는 커머스 기업이 금융을 내재화하거나, 은행의 인프라를 활용해 고객 경험을 강화하는 대표적인 사례다.

BaaS 모델을 통해 커머스 기업과 은행은 서로의 강점을 살려 시너지 효과를 창출할 수 있다. 은행은 이미 갖춘 금융 인프라와 규제 준수 능력을 제공하고, 커머스 기업은 고객의 소비 패턴에 맞춘 맞춤형 서비스를 제공하는 형태로 서로 협력할 수 있다. 이런 시너지 효과는 고객에게 더 나은 서비스 경험을 제공하는 동시에, 커머스 기업과 은행 모두에 새로운 수익 모델을 만들어낼 수 있다.

커머스 기업이 BaaS 모델을 통해 금융 서비스를 제공하면서, 고객의 결제 데이터를 활용하여 새로운 금융상품을 제안하거나, 고객의 소비 행동을 분석하여 맞춤형 서비스를 제공할 수 있다. 이를 통해 고객은 더욱 개인화된 금융 서비스를 경험하게 되며, 커머스 기업은 고객의 데이터를 활용하여 다양한 맞춤형 금융상품을 제공하고 수익을 창출할 수 있다.

BaaS 모델은 커머스 기업에 기존의 은행을 서비스 제공자가 아닌 전략적 파트너로 삼을 기회를 제공한다. 이를 통해 커머스 기업은 고객 로크인, 금융 브랜딩 강화, 고객 맞춤형 서비스 제공 등의 이점을 얻을 수 있으며, 동시에 금융 인프라를 효율적으로 활용할 수 있다. BaaS는 금융과 커머스를 결합한 새로운 비즈니스 모델로, 고객에게 더 많은 가치를 제공하고, 커머스 기업의 수익 모델을 확장하는 중요한 전략적 도구로 자리 잡을 것이다.

국내 커머스 기업의 BaaS 도입 사례

기업/플랫폼	BaaS 도입 및 금융 서비스 구조	주요 특징 및 효과
쿠팡	- 쿠페이 간편결제, 쿠페이머니(선불충전), BNPL(선구매 후결제), 판매자 정산 대출 - 하나은행 등과 연계해 판매자 전용 계좌 및 정산 시스템 제공	- 자체 결제·적립·대출·정산이 플랫폼 내에서 완결 - 판매자 로크인, 소비자 결제 편의성, 데이터 기반 신용평가 강화
네이버	- 네이버페이 (간편결제, 포인트, 후불결제, 보험, 대출) - 신한은행, 하나은행 등과 연계한 네이버페이머니 하나통장(수시입출식 예금)	- 쇼핑·결제·금융이 하나의 UX로 통합 - 플랫폼 내 신용평가 기반 소액 후불결제, 보험 추천 등
SSG.COM	- SSG 페이(간편결제), SSG PLCC(현대카드와 제휴), 쓱 KB통장(KB 국민은행과 연계한 예치금 통장)	- 쇼핑 적립금, 결제, 예치금 관리 등 금융 기능 내재화 - 은행 API 연동 통한 플랫폼 내 자산관리
배달의민족	- 배민페이(간편결제), 배달원·가맹점주 대상 대출·정산 서비스(우리은행 등과 제휴)	- 주문·결제·정산·대출이 하나의 흐름으로 통합 - 플랫폼 내 금융 경험 강화, 소상공인 금융 접근성 확대
롯데/이마트 등 유통사	- 엘페이, SSG 페이 등 자체 간편결제, 선불 충전금, 포인트 적립, PLCC(전용 신용카드) 운영 - 은행 API 연동 통한 예치금, 포인트 통합 관리	- 오프라인/온라인 통합 결제, 포인트 환금성 강화 - 은행과의 파트너십 통한 금융 기능 확장

— 04 —

데이터가 새로운 금융 질서를 만든다

디지털 기술과 데이터의 발전은 금융 산업에서 혁신적인 변화를 일으켰으며, 특히 데이터 중심 금융 모델을 통해 더욱 뚜렷하게 나타나고 있다. 데이터와 플랫폼은 이제 단순한 술적 요소를 넘어, 금융의 새로운 질서를 구축하는 핵심적인 기반이 되고 있다. 특히, BaaS와 같은 모델은 데이터를 기반으로 한 맞춤형 금융 서비스를 제공함으로써, 고객의 요구를 더욱 정확히 반영하는 한편, 금융기관의 수익 구조를 다각화하는 기회를 제공한다.

(1)
데이터를 기반으로 금융이 달라지고 있다

데이터 중심 금융은 고객 데이터를 효율적으로 수집하고 분석하여, 이를 통해 개인화된 금융 서비스를 제공하는 모델을 의미한다. 그러려면 우선적으로 고객의 소비 패턴, 거래 내역, 신용도 등을 분석할 수 있는 충분한 데이터가 필요하다. 금융기관은 고객의 금융 데이터를 실시간으로 분석하고, 그 데이터를 기반으로 맞춤형 상품이나 서비스를 제시하는 방식으로 운영된다.

개인 대출 상품을 제공하는 금융기관은 고객의 소비 패턴과 신용 정보를 바탕으로 적합한 대출 금액과 조건을 제시할 수 있다. 또한, 고객이 특정 분야에서 자주 소비하는 경향이 있다면, 해당 분야와 관련된 금융상품을 맞춤형으로 추천할 수 있다. 이 과정에서 중요한 것은 데이터의 정확성, 실시간 처리 능력, 분석 능력이다.

하지만 데이터 중심 금융을 실현하기 위해서는 기술적 요건뿐만 아니라, 보안과 개인정보 보호 문제도 중요한 조건이 된다. 고객의 민감한 데이터는 철저히 보호되어야 하며, 이를 위해 다양한 보안 시스템과 규제 준수 체계가 마련되어야 한다. 고객의 데이터를 안전하게 보호하는 것은 고객의 신뢰를 얻고 데이터 중심 금융 서비스를 성공적으로 운영하는 데 필수적인 요소다.

(2)
일반적인 은행은 어떤 정보를 가질 수 있는가?

일반적인 은행은 고객의 다양한 금융 거래 정보를 보유하고 있다. 고객의 계좌 정보, 입출금 내역, 대출 상환 기록, 카드 결제 내역 등은 은행의 주요 데이터 자산이다. 이러한 데이터는 고객의 재정 상태를 파악하고 다양한 금융상품을 제공하는 데 중요한 기초가 된다.

하지만 전통적인 은행은 이러한 데이터를 이용해 고객에게 맞춤형 서비스를 제공하는 데 한계가 있었다. 은행은 대개 고객의 기본적인 정보이름, 주소, 연령 등와 함께 거래 내역을 저장하고, 이를 기반으로 대출 심사나 계좌 서비스 등을 제공한다. 기존의 은행 시스템은 데이터 분석에 한계가 있었고, 그로 인해 개인화된 서비스의 제공이 어렵거나 제한적이었다.

그러나 디지털화가 이루어지면서, 은행은 고객의 데이터를 실시간으로 분석하고, 이를 활용하여 더욱 정교하고 개인화된 서비스를 제공할 수 있는 환경이 되었다. 데이터 분석 기술의 발전은 은행이 고객의 다양한 재정적 요구를 충족시킬 수 있도록 도와주며, 이로 인해 은행은 고객 맞춤형 서비스를 제공하는 데 더 큰 경쟁력을 갖추었다.

(3)
플랫폼과 함께 성장하는 은행 모델

플랫폼은 금융 산업에 큰 변화를 일으키고 있으며, 특히 BaaS 모델은 은행이 플랫폼과 협력하여 더욱 발전할 기회를 제공한다. 은행은 플랫폼을 통해 고객에게 다양한 금융 서비스를 제공할 수 있으며, 플랫폼 기업은 은행의 금융상품과 서비스를 자신들의 생태계에 통합하여 고객에게 제공할 수 있다. 이러한 플랫폼 기반의 은행 모델은 은행이 기존의 금융상품과 서비스를 넘어, 다양한 파트너 기업과 협력하여 서비스를 확장할 기회를 제공한다.

플랫폼은 다양한 외부 기업들이 고객의 금융 요구를 충족시킬 수 있는 서비스를 제공하는 환경을 만든다. 예를 들어, 커머스 기업이나 핀테크 기업이 은행의 서비스를 플랫폼에 통합하여 제공할 수 있으며, 고객은 자신이 자주 이용하는 플랫폼에서 금융 서비스를 손쉽게 이용할 수 있다. 또한, 플랫폼은 다양한 데이터를 실시간으로 수집하고 분석할 수 있는 장점을 제공하므로, 은행은 고객의 요구에 맞는 맞춤형 금융상품을 더욱 효율적으로 제공할 수 있다.

은행은 금융 서비스를 제공하는 기관이 아니라, 플랫폼과 협력하여 금융 서비스를 생태계의 일환으로 제공하는 모델로 변모하고 있다. 이는 은행이 단독으로 제공할 수 없는 다양한 서비스를 플랫폼을 통해 확장할 수 있게 해주며, 플랫폼과 은행의 상호 협력 관계를 통해 더 많은 고객 가치를 창출할 수 있다.

데이터와 플랫폼은 금융 산업의 미래를 형성하는 핵심 요소로, 은행이 이러한 요소들을 어떻게 활용하느냐에 따라 경쟁력이 크게 달라질 것이다. 데이터 중심 금융은 고객 맞춤형 서비스를 가능하게 하고, 은행은 플랫폼과 협력하여 기존의 금융 모델을 확장하고 혁신할 수 있다. 은행이 플랫폼과 함께 성장하는 모델을 채택하면 고객에게 더 큰 가치를 제공할 수 있으며, 그 결과 은행은 더욱 강력한 경쟁력을 갖출 것이다.

— 05 —

이제는 산업이 금융을 품는다

금융이 플랫폼에 내장되는 흐름은 BaaS의 본질을 잘 보여준다. 그러나 최근에는 그 반대의 흐름도 있다. 바로 산업이 금융을 품는 구조, 다시 말해 전통적인 비금융 산업이 금융의 기능을 스스로 내장하거나, 외부 금융기관과 연결해 자사 고객에게 제공하는 방향이다. 이런 흐름은 금융상품을 판매하는 것을 넘어, 생산, 유통, 판매, 배송, 소비 등 산업 활동의 흐름 속에 데이터, 거래, 정산, 신용평가라는 금융의 요소가 녹아들면서 금융이 연결된 기능이 아니라 필연적인 구조로 작동하기 시작했다.

대표적인 예는 농업, 물류, 자율주행차, 커머스 같은 분야에서 볼 수 있다. 예컨대, 농업에서는 작황, 물류, 정산 데이터를 기반으로 한 대출·보험·팩터링 등이 자연스럽게 금융과 연결된다. 자율주행차의 경우, 차량이 곧 플랫폼이 되고 이동 중에 일어나는 모든 소비 활동이 금융 서비스의 접점이 된다.

과거에는 금융이 다른 산업을 지원하는 역할에 머물렀다면, 지금은 산업 자체가 금융을 탑재한다. 그리고 이 변화는 고객에게 더 직관적이고 즉각적으로 금융 혜택을 제공할 수 있다는 점에서 플랫폼 기업과 금융기관 모두에 전략적으로 중요하다.

이 장에서는 이러한 구조 변화의 본질을 살펴보고, 실제로 농업과 자동차라는 두 산업 영역에서 금융이 어떻게 탑재되는지, 그리고 그 공통점과 전략적 시사점은 무엇인지를 구체적으로 다룬다.

(1)
농업+커머스+금융이 연결되는 팜스태크

팜스태크FarmStack는 필자가 제안하는 개념으로, 농업Farm과 금융 서비스Finance, 커머스 플랫폼이 유기적으로 연결되는 데이터 기반 융합 구조를 의미한다. 이 개념은 농업의 생산·유통·정산 흐름 속에 금융 서비스를 '내장'함으로써, 수확 이전 단계에서도 신용이 생성되는 새로운 금융 구조를 지향한다.

농업은 금융이 가장 절실한 산업 중 하나다. 특히 소규모 농가 중심의 구조에서는 선제적인 투자가 어렵고, 생산 이전에 발생하는 비용 부담이 크다. 종자와 비료, 농기계, 노동력 확보에는 자금이 필요하지만, 수익은 수확을 해야만 발생한다. 여기에 기후 리스크, 시장 가격의 불확실성까지 겹치면 기존 금융기관의 입장에선 신용을 평가하거나 담보를 설정하기 어렵다.

그러나 이런 구조적 비효율은 오히려 새로운 금융 혁신의 여지를 제공한다. 농업의 거래와 생산 흐름을 금융과 연결하면, 수확 이전에도 신용이 발생하는 구조를 만들 수 있다. 이를 가능하게 하는 것이 바로 팜스태크다.

팜스태크는 농업Farm과 집합구조Stack가 결합한 단어로, 작물의 생산-유통-정산 데이터를 기반으로 금융 서비스가 내장된 플랫폼형 모델이다. 농부가 생산한 작물이 유통업체를 통해 팔리고 최종 소비자에게 도달하고 정산이 발생하는 일련의 흐름에 따라, 금융기관은 판매 실적을 기반으로 대출을 제공하거나 수확 예상량을 담보로 미리 자금을 지원할 수 있다. 농산물 커머스 플랫폼, 물류업체, 보험사, 팩터링 기업 등이 참여하면서 점점 더 유기적으로 진화하고 있다.

팜스태크의 구조는 겉보기에 단순해 보이지만, 실제로는 농업과 금융을 유기적으로 연결하는 강력한 메커니즘을 갖고 있다. 이 모델은 세 가지 축을 중심으로 작동한다. 생산 정보, 거래 정보, 이를 기반으로 한 금융 연계다.

첫 번째는 생산 단계에서의 정보 축적이다. 농민은 종자, 비료, 농기계 등을 구입하고 농작물을 재배한다. 이 과정에서 사용한 농자재의 구매 내역, 경작 면적, 작황 이력 등은 플랫폼을 통해 수집되고 기록된다. 과거에는 이러한 정보들이 종이 장부나 개인 경험에 의존해 비가시적이고 비정형적인 형태로 남아 있었지만, 디지털 플랫폼이 개입함으로써 모두 구조화된 데이터로 전환된다.

두 번째는 거래 정보의 집적이다. 작물이 출하되면 유통업체나 커머스 플랫폼을 통해 도매 혹은 소매B2B, B2C 방식으로 거래된다. 이때 발생하는 수확량, 판매 실적, 단가, 정산 일정 등의 정보가 플랫폼에 누적된다. 거래 흐름의 전 과정이 기록되기 때문에, 매출 기록을 넘어 금융적 의사결정을 위한 기초 자료로 활용될 수 있다.

마지막이자 가장 핵심적인 단계는 금융과의 연계다. 플랫폼이 확보한 생산 및 거래 데이터를 바탕으로 금융 서비스가 실행된다.

수확 이전 단계에서는 위성사진, 기후 정보, 과거 판매 실적 등을 활용해 사전 대출을 제공하거나, 농업 보험, 농기계 리스 등 선제적 금융을 제공할 수 있다. 즉, 아직 수익이 발생하지 않은 시점에도 신용을 부여할 수 있는 기반이 마련되는 것이다.

반면 수확 이후에는 이미 계약된 납품 실적과 예정된 정산 데이터를 활용해, 정산 대금을 담보로 한 선정산 서비스Payment Factoring 또는 유통기업 대상 공급망 금융SCF, Supply Chain Finance이 작동할 수 있다.

이러한 흐름 속에서 금융은 더 이상 외부에서 억지로 끼워 넣는 서비스가 아니다. 오히려 농업 밸류체인의 자연스러운 일부로서, 거래와 생산 흐름에 내재된 구조로 작동한다. 금융이 산업 외부의 지원 수단이 아니라 산업 내부의 필수 구성 요소로 '탑재'되는 순간, 팜스태크가 된다.

농업은 여전히 전 세계적으로 금융 접근성이 낮은 산업 중 하나다. 특히 신용 이력이 불충분한 소농 중심의 농업 구조에서는 전통 금융

기관의 관점에서 볼 때 대출 리스크가 높고 수익성이 낮은 분야로 인식되기 쉽다. 하지만 이 구조의 비효율성은 새로운 접근법을 통해 혁신의 단서가 될 수 있다. 바로 작물의 생산 흐름, 거래 실적, 유통 데이터 등을 기반으로 신용을 새롭게 정의하고 이에 맞춘 금융 서비스를 제공하는 구조, 이른바 팜스태크에 해당하는 실험들이 해외에서 본격화되고 있다.

케냐의 아폴로 애그리컬처Apollo Agriculture는 그 대표적인 사례다.[21] 이들은 농민의 토지에 대한 위성사진과 기후 데이터를 분석해 작황 가능성을 예측하고, 그에 따라 비료나 종자 구매를 위한 신용을 사전에 제공한다. 모든 프로세스는 모바일 앱에서 이루어진다. 고객의 신원 확인KYC, 보험 가입, 상환 추적까지도 디지털로 처리된다. 과거 농민의 신용을 측정할 수 없었던 이유가 '정보의 부재'였다면, 이제는 위성 정보와 기후 리스크 분석이 신용의 새로운 대체 지표가 되고 있다.

케냐의 아폴로 애그리컬처의 구조적 특징

주요 서비스	설명
신용대출	위성사진·기후·거래 데이터 기반 신용평가, 모바일 앱에서 즉시 대출 승인·지급
농자재 공급	앱에서 종자, 비료 등 구매(현금·신용 모두 가능), 1,000여 개 지역 농자재상과 연계
농업보험	기후·작황 리스크에 대비한 보험 자동 가입, 상환 주기도 수확 일정에 맞춰 설계
농업 교육/컨설팅	모바일·음성 기반 농업 교육, 생산성 향상 컨설팅

인도에서도 유사한 시도가 활발하다. 새뮤나티Samunnati와 디하트 DeHaat는 각각 B2B 농산물 유통망과 농자재 공급망을 통합해 플랫폼화한 농업 핀테크 기업이다. 이들은 농민과 집하장 간의 거래 이력, 마을 단위의 유통 네트워크, 과거 수확량 등의 데이터를 기반으로 맞춤형 금융 서비스를 설계한다. 새뮤나티는 정산 전 농산물 매출을 근거로 팩터링 서비스를 제공하고, 디하트는 종자·비료 유통부터 기술 자문, 대출과 보험까지 원스톱으로 제공하는 풀스태크 플랫폼을 운영한다. 금융은 이 플랫폼의 일부가 아닌 핵심 엔진이다.

인도의 Samunnati&DeHaat의 구조적 특징

기업명	특징 및 서비스 구조
Samunnati	- 인도 최대 B2B 농산물 유통망·핀테크 기업 - 농민, 집하장, 유통기업, FPO(농민 조직) 간 거래 이력·네트워크·수확량 데이터 기반 - 정산 전 농산물 매출을 근거로 팩터링(매출채권 할인) 서비스 제공 - 맞춤형 대출, 보험, 시장 연계, 컨설팅 등 '밸류체인 전체'에 금융 내재화
DeHaat	- 농자재 공급망과 농산물 유통망을 통합한 풀스태크 농업 플랫폼 - 종자·비료 유통, 기술 자문, 대출·보험까지 원스톱 제공 - 거래 이력, 마을 단위 네트워크, 과거 수확량 등 데이터 기반 맞춤형 금융 설계 - 1,500만 명 농민, 1만여 개 마이크로기업, 1,000여 개 금융·유통 파트너와 협업 - AI·API 기반 신용평가, 실시간 리스크 관리, 모바일·웹 앱 통한 서비스

브라질의 아그로렌드Agrolend는 한 걸음 더 나아간다. 친환경 농업을 실천하는 농가를 대상으로 ESG 기준에 부합하는 저리 금융을 제공하고, 작황일지와 환경 기준 데이터를 바탕으로 가치 중심의 신용

평가를 도입했다. 이는 단순한 자금 지원을 넘어, 농민의 지속 가능성 실천이 금융 조건으로 이어지는 구조다. 금융이 도덕성과 브랜딩에까지 영향을 주는 순환이 만들어지고 있다.

이들 사례의 공통점은 분명하다. 첫째는 거래 실적 기반의 신용 창출, 둘째는 플랫폼 중심의 정보 연결, 셋째는 사전적인 금융 제공이다. 그리고 이 구조를 가능하게 만드는 주체는 전통 은행이 아닌 핀테크 또는 산업 플랫폼이다. 산업의 데이터 흐름을 가장 잘 이해하고 통제하는 주체가 금융까지 품고 있다는 점에서, 팜스태크는 플랫폼 기반 금융의 전형이라 할 수 있다.

국내에서도 농업은 여전히 금융 사각지대에 가깝다. 영세 농가가 많고, 농업의 수익률은 낮으며, 자금 회전 속도는 느리다. 정산까지의 기간이 길고, 가격 변동성도 크기 때문에 외부 투자자 입장에서는 비효율적인 영역으로 여겨지기 쉽다. 여기에 디지털 전환 속도가 더딘 농업 환경과 농산물 유통 구조의 분산성도 복합적인 제약 요인이 된다.

그러나 불가능한 것은 아니다. 오히려 최근 들어 정부 주도의 스마트팜 육성 정책, 데이터 기반 농업 기술의 확산, 농산물 커머스 플랫폼의 성장 등이 맞물리며 팜스태크의 구조적 토대를 조금씩 마련하고 있다.

예컨대 마켓컬리나 이마트 장보기, 지역 단위 도매 플랫폼들은 이미 정산 데이터를 디지털로 관리하고 있다. 이러한 유통-정산 플랫폼이 농가의 거래 데이터를 집약할 수 있다면, 금융기관은 이 데이터를 기반으로 정산일을 기준으로 한 팩터링 서비스, 소액 대출, 보험 등을 제공할 수 있을 것이다.

드론이나 IoT 센서, 위성사진 등을 활용한 스마트 농업 기술은 생산과 작황의 과정을 정량화할 수 있는 수단이 된다. 지금까지는 농민의 진술에 의존하던 작황 예측이, 이제는 실제 성장 데이터를 기반으로 한 신용평가 지표로 진화할 수 있다.

마지막으로, 정책 금융기관과 농협, 지역 유통조합 등이 연계한 팜 스태크 모델을 설계할 필요가 있다. 금융기관 혼자서 감당하기 어려운 위험을 분산하고, 조합과 플랫폼이 고객을 연결하고, 정부는 ESG 관점에서 보조금이나 재정 지원으로 참여할 수 있다면, 금융상품을 넘어 지역 경제와 지속 가능성을 결합한 구조로 발전할 것이다.

[2]
자율주행차 안의 금융 서비스

자동차는 더 이상 탈것만이 아니다. 특히 자율주행 기술이 상용화되고, 차량이 스스로 판단하고 움직이는 시대가 도래하면서 자동차는 이동 수단이 아니라 '이동하는 플랫폼'으로 다시금 정의되고 있다. 이 플랫폼 안에서 사람은 운전자가 아닌 소비자이자 금융 사용자로 기능하며, 차량은 데이터를 수집하고, 결제를 수행하며, 때로는 신용의 기준이 되기도 한다. 자율주행차는 곧 금융의 터미널이자, 새로운 금융 접점의 공간인 셈이다.

가장 먼저 주목할 점은 차량 그 자체가 거래의 주체가 될 수 있다는 점이다. 차량은 탑승자의 목적지, 이동 거리, 주행 시간, 승차 인원 등 수많은 데이터를 실시간으로 수집한다. 이 데이터는 보험료 산정, 이동 수단 요금, 통행료 결제, 충전 비용 정산 등 다양한 금융 행위를 자동으로 실행하는 데 활용된다. 자율주행차가 플랫폼화된다는 말은, 이 모든 흐름을 비운전자 상태에서도 실시간으로 판단하고 결제하고 저장한다는 것을 의미한다.

전기차 기반 자율주행 택시는 목적지 도착과 동시에 요금 결제를 자동 처리하고, 요금 내역을 보험사 및 금융기관과 연동해 이용 이력 기반의 신용 분석이나 할인 적용을 수행할 수 있다. 사용자는 별도의 행동 없이, 차에 타기만 해도 금융 서비스와 연결된다. 이 흐름은 운송의 금융화를 넘어 금융의 공간화로 진화하고 있다. 차량 내부는 탑승 공간일 뿐 아니라 쇼핑, 콘텐츠 소비, 금융상품 상담 및 가입까지 가능한 공간이 된다. 자율주행차가 콘텐츠 스트리밍 서비스를 제공하면서 특정 유료 구독을 추천하거나, 탑승 중 보험 상품을 노출하고 가입을 유도하는 일이 더는 먼 미래가 아니다. 차량은 이제 주행이 아니라 "주행 중 무엇을 할 것인가?"에 초점이 맞춰지며, 이 과정에서 금융은 자연스럽게 접속되고 실행되는 시스템이 된다.

이런 움직임은 이미 글로벌 빅테크와 자동차 제조사를 중심으로 본격화되고 있다. 애플카Apple Car 프로젝트와 관련해 자동차 내 결제 플랫폼 특허가 등록되었고, GM이나 테슬라는 차량 내 결제 인터페이스를 강화하고 있다. 중국의 바이두는 자율주행 로보택시 'Apollo Go'에서 광고, 결제, 보험 등을 원스톱으로 연결하는 모빌리티 생태계를 실험 중이다.

○ 출처: THE GURU, 중국 바이두 자율주행 로보택시

이 모든 흐름의 핵심은 데이터다. 이동 경로, 이용 패턴, 결제 이력, 콘텐츠 소비 내역, 탑승 시간대까지, 자율주행차는 운전자보다 더 정확하게 탑승자의 소비 성향을 파악할 수 있다. 그리고 이 데이터는 보험사의 요율 산정, 카드사의 혜택 구성, 은행의 신용 분석, 핀테크의 정산 설계로 이어진다. 결국 자율주행차는 도로 위의 금융 플랫폼이며, 데이터-결제-신용이 하나로 연결된 새로운 산업적 단위다.[22]

자동차 산업은 그동안 제조와 판매를 중심으로 수익을 만들어왔다. 그러나 자율주행 시대의 차량은 판매 이후 수익을 만들어내는 구

독형 모델과, 이동 중 발생하는 금융 데이터를 활용하여 새로운 가치를 창출할 것이다. 이는 자동차 회사가 금융과 플랫폼 사업자로 진화하는 결정적 전환점이자, 전통 금융기관이 새로운 생태계에 참여하지 않으면 완전히 배제될 수도 있는 구조이기도 하다.

이제 차량은 주행하는 컴퓨터이자, 결제 단말기이며, 금융을 품은 공간이 된다. 우리가 과거에 ATM이나 은행 창구에서 했던 모든 일이 자율주행차 안에서 자동으로 실행될 수 있다면, 금융은 '어디서'가 아니라, "언제나 가능한가?"의 문제로 바뀐다.

이런 움직임은 이미 글로벌 빅테크와 자동차 제조사를 중심으로 본격화되고 있다. 테슬라Tesla는 대표적인 사례다. 테슬라는 자사의 완전자율주행Full Self-Driving, FSD 기능을 구독형 결제 모델로 제공한다. 고객은 차량을 구매한 이후에도 FSD 기능을 월 단위로 과금하거나 일시불약 1만 2,000달러 이상로 구매할 수 있다. 이는 전통적인 차량 판매 이후에도 반복적인 금융 수익이 창출되는 구조로, 차량을 금융 상품처럼 취급하는 새로운 모델이다. 더 나아가 테슬라는 차량 내부에서 앱 스토어와 콘텐츠 결제를 포함한 차량 내 마이크로페이먼트micro-payment 시스템도 구축 중이다.[23]

GM 역시 보험을 차량에 내장하는 방식으로 금융화를 진전시키고 있다. GM의 'OnStar Insurance'는 차량 내 주행 데이터를 기반으로 보험료를 산정한다. 브레이크 사용, 급가속, 주행 속도, 이동 시간대 등을 실시간으로 수집하고 분석해 이용자 맞춤형 보험료를 자동 설정하며, 사고 발생 시에는 보험사와의 연계도 자동화되어 있다. 이는 더 이상 보험 가입이 창구 업무가 아닌, 차량 자체에서 수행되는 자동화된 금융 행위임을 보여주는 사례다.

현대자동차 역시 미래 금융을 차량에 연결하려는 전략을 본격화하고 있다. 2022년 현대차는 차량 내부에서 음료나 주유, 주차 요금을 결제할 수 있는 '인카페이먼트In-car payment' 플랫폼을 국내 최초로 선보였다. 블루링크BlueLink 앱과 차량 내 내비게이션이 연동되어, 주유소 도착 시 자동 결제, 쿠폰 적용, 정산 알림이 실행되며, 현대카드 등과의 연계로 실질적인 소비 혜택까지 제공된다.

자율주행 단계가 높아질수록 차량 내 결제는 더욱 활성화될 수밖에 없다. 그와 더불어 차량은 지불·구매·정산이 일어나는 완결된 금융 생태계로 진화하고 있다.

[3]
어떤 전략을 배워야 할까?

팜스태크든 자율주행차든, 이질적으로 보이는 산업들이 금융을 품는 구조에는 놀라울 정도로 일관된 공통점이 있다. 서로 다른 분야지만, 금융이 산업 내부로 침투하는 경로는 일정한 패턴을 따른다. 그것은 결제 기능을 넣는 부가 기능의 수준이 아니라, 금융이 산업의 흐름과 기능 속에 통합되고 내재화되는 과정이다.

가장 먼저 확인할 수 있는 공통점은 "데이터가 곧 신용이다"라는 새로운 평가 방식의 확산이다. 농업에서는 농민의 수확 이력, 거래 정산 흐름, 작황 데이터를 통해 금융을 연결한다. 자율주행차에서는 주행 정보, 이동 시간, 이용 패턴 등을 기반으로 보험료가 산정되고, 기능이 구독되고, 소비가 발생한다. 과거에는 소득 증빙이나 담보 자산이 신용의 핵심이었지만, 이 구조에서는 행동 데이터와 실시간 거래 흐름 자체가 신용의 근거가 된다. 이는 곧 전통 금융이 가진 평가 모델이 빠르게 무력화되고 있다는 신호다.

두 번째는 금융이 외부에서 주입되는 것이 아니라, 산업 내부에서 자연스럽게 작동한다는 점이다. 팜스태크는 작물의 수확·판매·정산 과정과 긴밀히 연결된 대출과 보험, 팩터링 구조를 만들었다. 자율주행차는 차량 내 소비와 주행 데이터에 기반한 자동 결제, 구독, 신용평가 구조를 만들어냈다. 이들은 공통적으로 고객이 금융을 '이용한다'는 자각 없이 금융 서비스를 받는 구조를 지향한다. 즉, 금융이 서비스의 '전면'이 아니라 '배경'이 되는 것이다. 플랫폼 속 기능의 일부로서 존재하는 금융은 훨씬 더 강력한 사용자 접점을 확보한다.

세 번째는 플랫폼 주도 산업에서 전통 금융기관의 역할이 급격히 축소되고 있다는 점이다. 농업에서는 플랫폼 기업이나 지역 단위 조합, 핀테크가 중심이 되고, 자율주행 산업에서는 자동차 제조사와 빅테크가 금융의 인터페이스를 장악한다. 전통 은행은 금융 인프라를 제공하는 백엔드 파트너로 밀려나기 쉽다. 이러한 변화는 은행의 고객이 플랫폼의 고객이 되는 구조를 가속화한다.

이 모든 흐름 속에서 전통 금융기관이 취해야 할 전략적 시사점은 명확하다. 금융 자체의 경쟁력만으로는 플랫폼에 탑재될 수 없다. 산업 흐름에 맞는 구조적 연결 방식을 고민해야 한다. 핀테크 기업과 제휴하는 수준이 아니라, 농산물 유통 데이터를 해석하고 자율주행차의 주행 패턴을 금융상품 설계에 반영할 수 있는 데이터 해석자이자 산업 인터페이스 설계자로 역할을 전환해야 한다.

새로운 금융은 고객이 금융을 의식하지 않게 설계된 서비스다. 농촌에서 수확 대금을 미리 받을 수 있는 시스템, 차량에서 자동으로 구독과 보험이 결제되는 시스템과 같은 무의식적인 금융 접점을 만드는 기술이다. 이제 금융은 존재감을 드러내지 않은 채 존재해야 하며, 사용자의 삶 속으로 조용히 파고들어야 한다. 금융이 산업을 돕는 역할을 넘어, 산업 그 자체가 금융을 설계하기 시작한 시점이다. 전통 금융기관은 도전자가 아니라 연산자로 남을 것인가, 아니면 플랫폼과 함께 새로운 금융의 경계를 설계할 것인가? 이 선택이 다음 시대의 금융 생태계를 결정짓게 될 것이다.

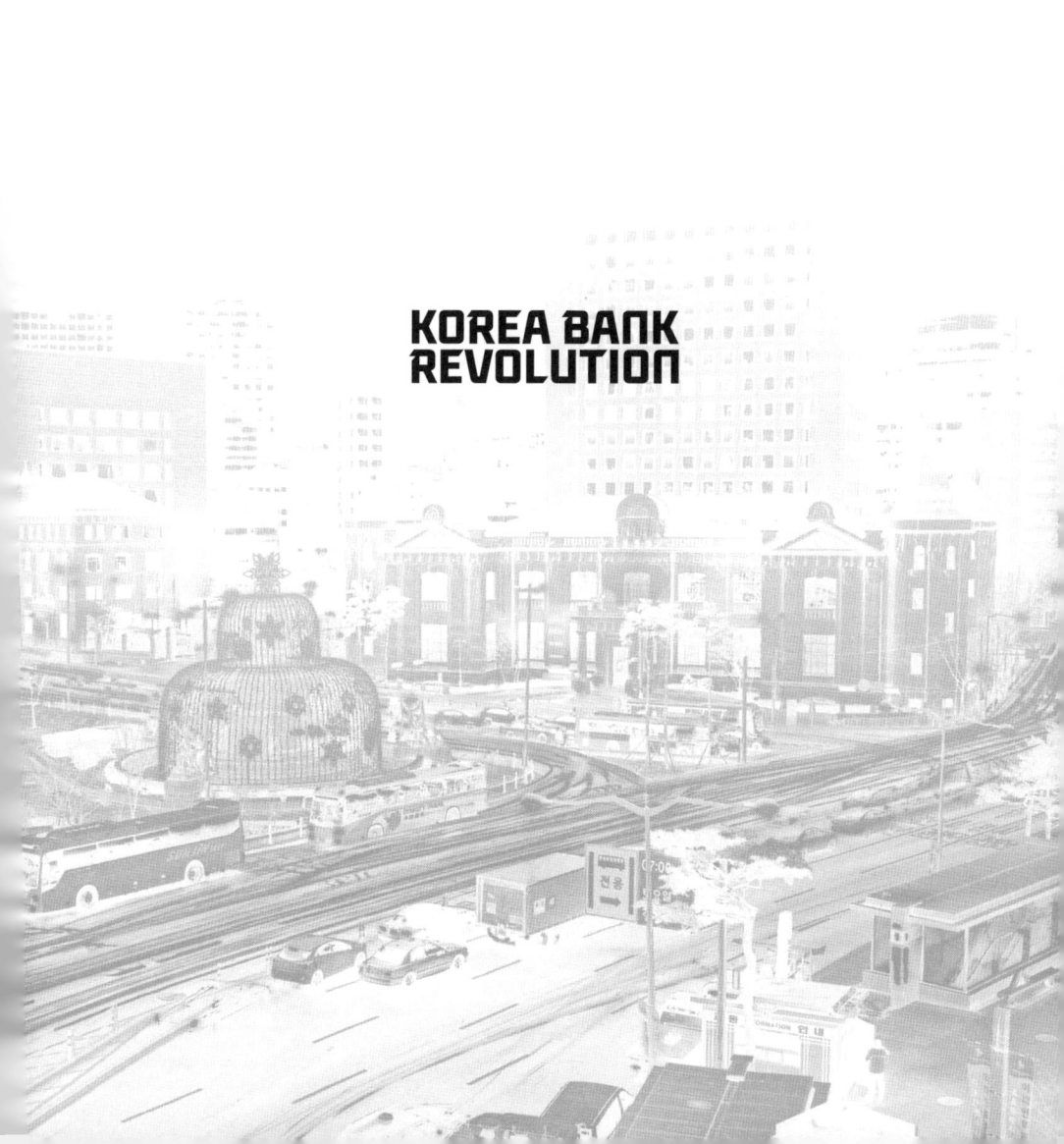

지금까지 우리는 은행의 변화를 따라왔다. 플랫폼 위에 올라탄 은행, 커머스에 침투한 금융, 산업 구조 속으로 스며든 데이터 기반의 금융까지, 이런 흐름은 금융이 더 이상 특정 기관의 전유물이 아니라 다양한 산업과 플랫폼 속에 흩어졌음을 보여준다. 그리고 그 여정의 끝자락에는 하나의 본질적인 질문이 놓여 있다. 금융은 앞으로 어디로 향할 것인가?

오늘날, 은행은 더 이상 금융의 중심이 아니다. 커머스, 모빌리티, 콘텐츠, 농업, 유통과 같은 비금융 산업이 새로운 금융의 유통망이 되어가고 있다. 고객은 더 이상 직접 은행을 찾지 않는다. 금융상품을 비교하거나 상담을 요청하지 않아도, 생활의 흐름 속에서 금융은 자연스럽게 스며들고, 플랫폼은 그 과정을 조용히 설계한다. 고객은 금융을 사용하고 있다는 사실조차 자각하지 못한 채 접하고, 금융은 점점 더 일상 깊숙이 들어오고 있다.

이러한 변화 속에서 금융은 새로운 질서를 향해 진화하고 있다. 그 진화의 방향은 상품의 다양화나 서비스의 디지털화만으로는 설명되지 않는다. 금융은 이제 기술, 자산, 산업, 규제, 가치라는 다섯 가지 축으로 스스로를 재정의하고 있다. 이 축들은 각각 다음과 같은 질문과 연결된다.

- 인공지능과 자동화는 금융을 얼마나 더 작고 똑똑하게 만들 수 있는가?
- 디지털 자산은 기존 화폐 체계를 어떻게 재편할 것인가?
- 왜 이토록 많은 산업이 금융을 품으려 하는가?
- 각국의 금융 규제는 어떤 새로운 표준을 만들어내고 있는가?
- ESG는 금융의 외부 평가지표인가, 아니면 금융의 본질을 바꾸는 신호인가?

지금 우리가 서 있는 이 지점은, 전통적 금융의 궤도에서 이미 한참 떨어져 있다. 규제는 뒤따르고, 기술은 앞서 나가며, 사용자는 플랫폼 위에서 금융을 무의식적으로 소비한다. 그리고 이 모든 플랫폼은 반드시 은행일 필요가 없어졌다.

4장에서는 이러한 변화의 방향을 따라간다. 혁신 모델, 디지털 자산, 글로벌 금융, 인공지능, ESG라는 키워드를 중심으로, 금융이 어떤 존재 방식으로 진화할지 탐색한다. 이는 미래 상품의 로드맵일 뿐 아니라, 금융이라는 개념 자체가 어떻게 다시 정의되고 있는지 묻는 작업이다.

은행이 사라져도 금융은 남는다는 문장을 미래형으로 바꿔야 한다. 은행 없이도 금융은 더 멀리 갈 것이기 때문이다.

4장

미래 금융은 어디까지 진화할까

— 01 —

은행은 어떤 모델로 바뀌고 있을까?

한때 금융은 은행이라는 이름하에 통일된 질서를 갖고 있었다. 예금과 대출, 신용평가와 리스크 관리, 창구와 상담이라는 물리적 공간까지 금융은 명확한 제도와 구조 속에서 작동했다. 그러나 지금 이 질서는 빠르게 해체되고 있다. 금융은 더 이상 은행의 전유물이 아니며, 그 역할도, 작동 방식도, 존재 방식도 근본적으로 달라지고 있다.

이제 금융은 은행 바깥에서 탄생하고, 은행 없이 작동하며, 은행보다 더 넓게 확장된다. 금융의 혁신은 새로운 상품을 내놓는 수준을 넘어서고 있다. 그것은 금융이라는 구조 자체를 재설계하는 시도다.

기존 은행을 거치지 않고 대출을 받을 수 있는 시스템

보험이 가입이 아닌 행동의 결과로 생성되는 알고리즘

고객이 금융을 '이용한다'는 사실조차 자각하지 못한 채 이뤄지는 무의식적 결제

블록체인 위에서 중앙 없이 운영되는 완전히 탈중앙화된 금융 네트워크

이런 변화는 하나의 경향이 아니라, 세 가지 뚜렷한 흐름으로 나타나고 있다.

첫째, 비은행 금융 모델이다. 애플, 구글, 네이버, 카카오, 쿠팡 등 테크 기업과 플랫폼이 이제 은행의 역할을 흡수하기 시작했다. 이들은 기존 금융기관과 달리, 금융을 서비스가 아니라 '기능'으로 취급하며, 고객의 행동과 맥락에 맞춰 필요한 순간에 자동으로 금융을 호출한다.

둘째, 산업형 금융 모델이다. 농업, 커머스, 모빌리티 등 본래 금융과는 거리가 있었던 산업이 스스로 금융을 설계하고 품는다. 팜스태크처럼 작물 유통과 정산 흐름을 통해 금융을 설계하거나, 자율주행차 내부에서 보험과 결제가 자동화되는 구조는 산업이 금융을 업무 도구가 아닌 사업 모델로 받아들이기 시작했음을 보여준다.

셋째, 분산형 금융 시스템이다. 블록체인, 스마트 콘트랙트, DAO 탈중앙화 자율조직, 디지털 지갑으로 대표되는 이 흐름은 금융기관이나 플랫폼의 통제 없이 스스로 작동하는 금융의 미래형을 실험하고 있다. 향후 금융의 신뢰는 기관이 아니라 코드와 알고리즘이 담당한다고 볼 수 있다.

여기에서는 세 가지 흐름을 통해 금융이라고 불러왔던 것의 본질이 어떻게 바뀌고 있는지를 추적한다. 이는 단순한 기능 개선이나 사용자 편의의 문제가 아니다. 금융의 권한이 재조정되고, 통제권이 이동하며, 금융의 중심이 다시 정의되는 구조적 전환의 문제가 된다. 은행이라는 틀 안에서 금융을 이해하던 시대는 끝났다.

[1]
전통적인 은행 모델이 통하던 시대는 저물고 있다

　전통적인 은행 모델이란 무엇인가? 물리적 창구, 중앙 집중식 조직, 자산 중심 신용평가, 승인을 전제로 한 금융 절차, 은행이 모든 흐름의 통제권을 가진 구조였다. 이 모델은 오랫동안 안정과 신뢰를 제공했지만, 한편으로는 느리고 배타적이며 고립되어 있었다. 이제 이러한 구조는 더 이상 지금의 사용자, 산업, 기술 흐름을 수용하기 어렵다.

　그래서 금융은 새로운 방식으로 설계되고 있다. 금융은 이제 고객의 일상 흐름 안에 들어가고, 산업의 거래 구조에 탑재되며, 때로는 기관 없이 네트워크 자체로 운영된다. 기능, 플랫폼, 데이터로 금융이 이동하고, 신뢰는 사람이나 조직이 아니라 알고리즘과 프로토콜이 대신한다.

비은행 금융

　은행이 없는 금융이 가능할까? 이미 많은 사람이 그렇게 살고 있다. 플랫폼에 접속하고, 쇼핑하고, 포인트를 적립하고, 송금하고, 신용을 얻는 이 모든 과정에서 은행은 등장하지 않는다. 대신 그 자리를 채우는 것은 애플, 구글, 쿠팡, 네이버, 카카오, 아마존 같은 플랫폼 기업들이다. 이들은 더 이상 결제 수단만이 아니라, 아예 금융의 시작점이자 신용의 설계자가 되고 있다. 이들이 공통적으로 추구하는 금융 모델은 금융을 서비스가 아니라 기능으로 만드는 것이다.

고객이 금융상품을 이용하기 위해 움직이지 않아도 되도록, 필요한 순간 자동으로 호출되고 맥락 안에서 자연스럽게 실행되는 구조를 지향한다. 여기서 중요한 것은 금융이 중심이 아니라는 점이다. 고객 경험과 서비스 흐름이 우선이며, 금융은 그 배경에서 작동한다.

대표적인 예가 애플카드다. 애플은 골드만삭스와 손잡고 금융업에 진출했지만, 고객은 골드만삭스를 거의 인식하지 못한다. 아이폰 안에서 실행되면 결제 즉시 캐시백이 적용되고, 명세서가 인터랙티브하게 시각화된다. 금융은 애플의 UI 안에 흡수되었고, 그 경험은 카드가 아니라 애플의 기능으로 받아들여진다. 고객에게 이 금융은 사용되는 카드가 아니라 내가 쓰는 폰의 일부다.

국내에서도 네이버페이, 카카오페이, 쿠팡페이 등은 이미 금융의 전면에 있다. 이들은 송금, 결제, 할부, 후불결제, 포인트 적립, 계좌 연결, 보험, 투자 상품까지 다양한 기능을 내장하고 있다. 그러나 정작 사용자는 그것이 보험인지, 금융상품인지 명확히 구분하지 않는다. 이는 금융이 의식되지 않는 순간 가장 성공적일 수 있다는 사실을 보여준다. 이러한 비은행 금융 모델의 공통된 특징은 다음과 같다.

고객 접점의 장악: 은행이 금융상품을 설계하지만, 실제 고객이 사용하는 채널은 플랫폼이다. 즉, 상품의 주도권은 은행에 있지만, 경험의 주도권은 플랫폼에 있다.

데이터 기반 신용 창출: 전통 은행은 자산, 소득, 신용등급을 본다. 플랫폼은 구매 이력, 행동 패턴, 반응 속도, 소비 선호도를 본다. 금융의 신용 기준이 행동 데이터 중심으로 재편되고 있다.

내장형 금융: 사용자가 별도로 신청하지 않아도 결제 도중 할부나 보험이 제안된다. 클릭 몇 번으로 가능한 보험, 자동 승인되는 후불결제 서비스, API 기반의 자동 정산 시스템 등은 금융이 UX 안에 녹아든 결과물이다.

플랫폼 기업에는 금융은 새로운 수익 모델임과 동시에, 사용자 로크인 전략의 핵심이 된다. 금융을 경험에 녹여내면 고객은 플랫폼을 떠나기가 어려워진다. 신용평가부터 자산 연결, 혜택 설계까지 일관된 경험을 제공하기 때문이다. 이 구조 속에서 은행은 API 공급자이자 후방 인프라 제공자로 밀려나고 있으며, 실질적인 금융 권한은 플랫폼이 쥐고 있다.

비은행 금융 모델은 금융 산업의 본질을 묻는다. 금융이 특정 기관에 의해 독점되지 않아도 된다면, 금융은 어디까지 열려야 하는가? 사용자가 금융을 사용한다는 자각 없이도 신용이 쌓이고 자산이 이동하며 결제가 이뤄질 수 있다면, 그 금융은 더 이상 은행만의 몫이 아니다.

산업형 금융 모델

금융은 한때 산업을 지원하는 역할에 머물렀다. 자금을 빌려주고, 리스크를 헤지해주고, 정산을 도와주는 보조적 시스템이었다. 그러나 이제는 그 관계가 뒤집히고 있다. 산업이 금융을 설계하고, 품고, 활용하기 시작했다. 더 이상 은행이 제공하는 금융을 받아들이는 것이 아니라, 산업 자체가 금융의 주체가 되어간다.

이러한 모델은 특히 데이터 기반 산업, 고정적인 거래 흐름이 있는 산업, 고객 접점과 정산 주기를 통제할 수 있는 산업에서 빠르게 확산되고 있다. 농업, 커머스, 모빌리티 같은 분야가 대표적이다. 이들은 기존 금융기관이 간섭하기 어려운 정보인 작황 데이터, 물류 흐름, 고객 행동, 정산 시차를 가장 먼저 확보하고 있기 때문이다.

대표적인 사례는 앞서 살펴본 팜스태크 모델이다. 농산물의 생산, 유통, 판매, 정산 흐름에 금융이 내장되면서, 수확 전 대출, 정산 기반 팩터링, 스마트 농업 보험 등이 가능해졌다. 금융은 더 이상 외부에서 따로 신청하는 것이 아니라, 작물이라는 자산 흐름에 내장되어 자동으로 작동한다. 이는 농업이라는 전통 산업이 금융을 스스로 재구성한 대표적 모델이다.

또 하나의 사례는 자율주행차 산업이다. 자율주행차는 주행 데이터를 바탕으로 보험요율을 실시간으로 산정하고, 차량 내부에서 결제와 정산을 처리하며, 이용 패턴에 따라 정기 구독, 마일리지 포인트, 콘텐츠 결제 등 다양한 금융 기능을 수행한다. 이 과정에서 은행은 등장하지 않는다. 금융은 차량 플랫폼 안에 기능처럼 숨어 있고, 소비자는 그 사실조차 의식하지 않는다.

이러한 산업형 금융 모델의 핵심은 통제력에 있다. 플랫폼이 고객의 흐름을 통제하고, 거래 데이터를 축적하고, 정산 구조를 설계할 수 있다면, 굳이 외부 금융기관에 의존할 필요가 없다. 산업은 자신의 밸류체인 안에서 신용을 창출하고, 유동성을 설계하며, 금융 구조를 만든다. 이 모든 일이 가능한 시대가 이미 도래한 것이다.

산업형 금융은 '제휴형 금융'과는 다르다. 제휴형 금융이 은행이 설계한 상품을 산업이 유통하는 방식이라면, 산업형 금융은 산업이 스스로의 문제를 해결하기 위해 금융을 구조화한 모델이다. 이는 상품 수준이 아니라 구조의 전환이며, 자금의 흐름뿐 아니라 권한과 해석의 주체가 이동하는 사건이다.

전통적인 금융기관의 입장에서 이는 곧 주도권의 이탈을 의미한다. 데이터를 가진 자가 신용을 평가하고, 고객을 보유한 자가 금융을 설계하며, 인프라를 가진 자가 자금 흐름을 통제하는 시대가 왔다. 은행이 산업을 돕는 시대는 끝났고, 산업이 은행 없이 금융을 구성하는 시대가 시작된 것이다.

구분	기존 은행 중심 모델	산업형 금융 모델
구조	은행 → 고객	산업/플랫폼 ↔ 은행/API ↔ 고객
주체 수	단일 주체	다중 주체, 상호 연결, 기능 분산
역할 분담	은행이 전면, 경험의 설계자	플랫폼이 전면, 은행은 백엔드 기능 제공자
고객 경험 주도권	은행이 직접 고객 접점 담당	플랫폼이 고객 경험 설계 및 주도

분산형 금융 시스템

은행이 없는 금융은 플랫폼 기업의 손에 금융이 들어가는 것을 넘어, 그 누구의 손에도 쥐어지지 않는 형태로 진화하고 있다. 금융의 '탈중앙화'라는 새로운 실험의 시대에 진입하고 있는 것이다.[24] 이 구조에서 금융은 더 이상 조직과 권위, 물리적 인프라에 의존하지 않는다. 대신 블록체인, 스마트 콘트랙트, 디지털 지갑, 탈중앙화 자율조직DAO 같은 기술 위에서 코드와 합의, 알고리즘을 기반으로 작동하는 시스템으로 구현된다.

이러한 시스템은 '분산형 금융'이라고 불린다. 일반적으로는 DeFi Decentralized Finance라고도 하며, 가장 핵심적인 특징은 다음과 같다. 첫째, 금융은 은행 계좌 없이 작동한다. 둘째, 금융 서비스의 제공자와 운영자가 존재하지 않는다. 셋째, 거래의 신뢰를 중개자가 아닌 기술과 프로토콜이 보증한다. 이더리움Ethereum 블록체인 기반으로 작동하는 다양한 탈중앙 거래소DEX는 누구나 지갑만 있으면 대출을 받고, 자산을 예치하고, 이자를 받을 수 있는 금융 기능을 제공한다. 은행은 없고, 직원도 없으며, 고객센터도 없다. 대신 스마트 콘트랙트가 스스로 작동하고, 거래 내역은 네트워크 전체에 실시간으로 기록된다.

이러한 분산형 금융은 금융에 대한 접근성을 획기적으로 확장시킨다. 신용등급이 낮아도, 자산 증빙이 없어도, 국경을 넘는 거래도 가능하다. 그동안 금융 포용에서 배제되었던 사용자들에게 새로운 기회를 제공한다는 점에서 기술 기반의 사회적 금융 실험이기도 하다.

또 하나 주목할 점은 디지털 자산의 진화와 연결된 새로운 자금 흐름이다. NFT, 스테이블코인, 디지털 달러, CBDC중앙은행 디지털화폐 같은 형태는 기존 자산 구조를 해체하고, 플랫폼·커뮤니티·국가 단위로 새로운 자산 기준을 만들고 있다. 예를 들어, DAO는 하나의 조직이자 투자 플랫폼이자 금융 공동체로 작동하며, 지분의 단위는 토큰으로, 거버넌스는 스마트 콘트랙트로 이루어진다.

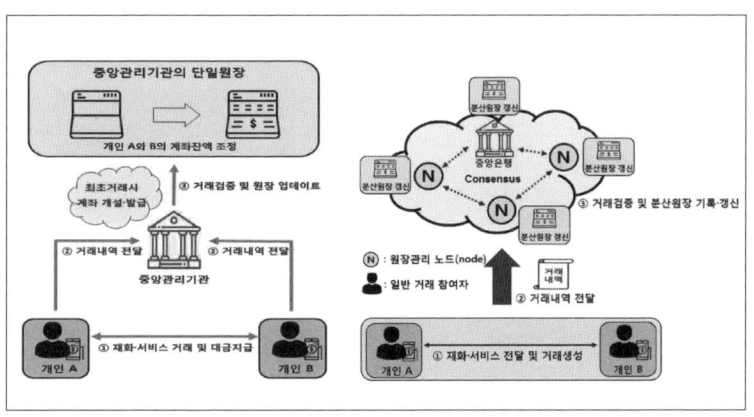

○ 출처: 키움증권 리서치센터, CBDC 구현 방식

물론, 분산형 금융 시스템은 여전히 풀어야 할 과제를 안고 있다. 규제의 부재, 사용자 보호 시스템의 미비, 가격 변동성, 해킹과 보안 문제 등은 기술의 진보만으로 해결되지 않는다. 그런데도 분산형 금융이 제시하는 메시지는 분명하다.

금융은 어디서 제공되는지가 아니라 어떻게 작동하는지의 문제로 이동하고 있다. 이런 시스템 안에서는 금융의 신뢰가 중앙기관이 아니라 네트워크 전체로 분산된다. 권한이 해체되고, 의사결정이 공유되며, 금융의 형태 자체가 유동적이고 열려 있는 구조로 바뀌고 있다. 이 변화는 혁신을 넘어 금융이라는 개념을 다시금 정의하는 셈이다. 은행이 없어도 금융은 가능하다. 그리고 은행 없이도 만들어지는 금융, 공공이 설계하는 금융, 개인이 참여하고 통제하는 금융이 실험되고 있다. 그것이 바로 분산형 금융이 말하는 미래다.

[2]
혁신적인 금융 생태계를 만드는 조건은 무엇일까?

지금까지 살펴본 세 가지 흐름은 금융이 어떻게 전통적인 구조를 넘어 진화하고 있는지를 보여준다. 그러나 이러한 변화가 하나의 생태계로 정착하기 위해서는, 기술이나 실험을 넘어서 지속 가능하고 신뢰 가능한 기반이 갖춰져야 한다. 금융이 단일 기업이나 기관의 소유가 아닌, 다양한 주체가 협력하는 구조로 작동하려면, 그 생태계를 지탱하는 명확한 조건이 전제되어야 한다.

무엇보다 필요한 것은 데이터에 대한 책임성과 통제력이다. 새로운 금융 모델은 대부분 데이터 기반으로 작동한다. 은행 계좌나 자산 증빙 없이도, 고객의 행동 이력과 소비 패턴만으로 신용을 평가하고 금융 서비스를 제공하는 시대다. 애플카드는 아이폰 사용자 생태계를 바탕으로, 쿠팡은 장바구니 데이터를 기반으로, 블록체인은 지갑의 거래 내역을 신뢰의 기준으로 삼는다. 하지만 이 모든 흐름에는 질문이 남는다. 고객의 데이터는 누구의 것인가? 어떻게 쓰이고, 누가 통제하며, 어떤 권리를 행사할 수 있는가? 마이데이터는 그 시작일 뿐이며, 진정한 금융 생태계는 데이터를 가장 많이 가진 자가 아니라, 가장 정직하게 다루는 자가 중심에 서는 구조여야 한다.

그다음으로 요구되는 것은 규제의 적응력과 유연성이다. 지금까지의 금융 규제는 산업 구분과 조직 구조를 중심으로 설계돼 있었다. 은행에는 은행법, 보험사에는 보험업법이 적용되던 시대다. 하지만 오늘날 금융은 산업과 플랫폼, 기술의 경계를 넘나든다. 카카오페이는 후불결제를 위해 규제 샌드박스를 거쳐야 했고, DeFi 플랫폼은 여전히 법적 지위를 갖지 못한다. 반면 일부 국가는 기능 기반, 원칙 기반 규제로 방향을 전환하고 있다. 이제는 금융업인지의 여부가 아니라, 소비자 보호는 가능한가, 리스크는 제어 가능한가, 투명성은 확보되는가라는 기준으로 평가해야 한다. 산업의 혁신이 규제 밖에서만 가능하다면, 그 규제는 이미 시대에 뒤처진 것이다.

기술적 기반 역시 핵심 요소다. 미래 금융은 단일 기관이나 폐쇄적 생태계에서 작동할 수 없다. 오픈 API, 스마트 콘트랙트, DID 같은 개방형 인프라가 있어야 플랫폼과 산업, 사용자 간의 자연스러운 연결이 가능하다. 오픈뱅킹은 그 출발점일 뿐이다. 진정한 생태계는 플랫폼이 금융을 불러다 쓸 수 있고, 사용자가 여러 채널에서 일관된 금융 경험을 할 수 있으며, 다양한 기술이 유기적으로 맞물려 작동하는 구조를 전제로 한다. 이식되지 않는 금융은 확산되지 않는다. 개방성과 상호운용성이 금융의 확장성과 지속성을 좌우한다.

무엇보다 중요한 것은 사용자 경험이다. 아무리 정교한 구조와 기술이 갖춰졌다고 해도, 그것이 사용자에게 직관적으로 이해되지 않으면 작동하지 않는다. 기존 금융의 한계는 복잡하고 불친절한 절차, 추상적인 언어, 무의미한 대기였다. 반면 지금의 혁신은 금융을 의식하지 않아도 되는 상태로 만드는 데 집중한다. 보험은 자동으로 따라오고, 결제는 배경에서 실행되며, 신용은 행동의 누적 결과로 생성된다. 이러한 경험은 금융을 '선택지'가 아니라 '기본 옵션'으로 바꾸며, 사용자가 금융을 느끼지 않게 하는 것으로 완성된다. 그 순간 금융은 가장 자연스럽게 삶에 녹아든다.

새로운 금융 생태계는 기술이 아닌 신뢰와 구조, 플랫폼이 아닌 거버넌스와 연결, 속도보다 이해와 설계 위에서만 가능해진다. 금융은 한 기업의 소유가 될 수 없으며, 하나의 서비스로 축소될 수도 없다. 그것은 이제 삶을 구성하는 보이지 않는 인프라로, 데이터, 법제, 기술, 경험이라는 네 기둥 위에 다시 세워져야 한다.

은행은 사라질 수 있어도 금융은 남는다. 그러나 남아 있는 금융이 제대로 작동하기 위해서는 그 기반이 견고하게 설계되어 있어야 한다. 이 장이 보여준 새로운 금융 모델들은 단지 가능성을 보여주는 예시가 아니라, 이 생태계를 실현하기 위한 출발점이다. 이제 필요한 것은 그것을 제대로 이어 붙일 조건과 의지다.

02

블록체인과 디지털 자산은 금융을 어떻게 바꿀까?

금융은 오랫동안 실물 자산을 기반으로 움직였다. 현금, 부동산, 예금, 증권 같은 물리적이거나 전통적인 형태의 자산이 금융의 근간이었다. 그러나 지금 그 기반은 디지털화되고, 분산되고, 재정의되는 격변의 시기에 서 있다. 더 이상 자산은 눈에 보이지 않아도 되고, 중앙의 인증이 없어도 거래될 수 있으며, 통화가 아니라 코드일 수 있다.

이러한 변화를 견인하는 핵심 축이 바로 디지털 자산Digital Assets이다. 디지털 자산은 암호화폐만을 의미하지 않는다. NFT, 스테이블코인, 중앙은행 디지털화폐, 가상 부동산, 메타버스 내 경제적 자산까지 그 범위는 확장되고 있다.[25] 이들은 모두 전통적인 금융 시스템 밖에서 새로운 가치를 형성하고, 신뢰를 기술 위에 구축하고 있다는 점에서 하나의 흐름으로 연결된다. 이 흐름은 새로운 자산의 등장을 넘어, 금융 그 자체가 어디에, 어떻게 존재할 수 있는가에 대한 질문을 던진다.

디지털 자산의 부상은 금융의 세 가지 구조적 변화를 이끌고 있다.

첫째, 자산의 형태가 디지털로 변하면서 보관·이동·분할·증명의 방식이 완전히 새로워지고 있다. 둘째, 신뢰의 기준이 중앙기관에서 네트워크 합의와 알고리즘으로 이동하고 있다. 셋째, 기존 금융기관이 독점하던 발행·중개·평가의 권한이 분산되고, 기술과 커뮤니티가 그 자리를 대체하고 있다.

이러한 변화는 기존의 제도권 금융에 위협이 되는 동시에 새로운 기회가 되기도 한다. 블록체인 위에서 자산은 더 이상 '가격'이 아니라, 기능과 권한, 참여의 수단이 되며, 금융은 이익을 추구하는 행위를 넘어, 공동체와 네트워크의 설계 행위로 확장된다.

이제 디지털 자산이 만들어낸 금융 혁신의 실체를 살펴본다. 그것은 새로운 기술의 이야기가 아니라, 금융이라는 개념이 어디까지 확장될 수 있는가에 대한 이야기다. 디지털은 자산을 가볍게 만들고, 금융을 분산시키며, 신뢰를 재정의하고 있다. 그리고 그 변화는 되돌릴 수 없는 흐름이 되었다.

(1)
비트코인, NFT, 토큰은 투자일 뿐인가?

금융의 본질은 가치를 주고받는 구조를 만드는 데 있다. 핵심은 신뢰다. 누가, 무엇을, 어떤 방식으로 신뢰할 것인가? 전통적인 금융에서는 이 역할을 은행과 같은 중개기관이 수행했다. 예금을 보관하고, 송금을 승인하며, 거래를 기록하는 시스템은 기관의 보증을 통해 작동했다.

하지만 블록체인의 등장은 이 구조 자체를 뒤흔들었다. 이제 신뢰는 기관이 아니라 알고리즘을 기반으로 형성된다. 중개는 창구가 아니라 코드로 이루어지고, 거래 기록은 전산망이 아닌 분산원장에서 관리된다. 수많은 참여자가 동일한 데이터를 검증하고, 암호화된 방식으로 기록하며, 누구도 변경할 수 없는 구조를 만든다. 블록체인은 단순한 기술이 아니라 탈중앙화된 신뢰를 구현하는 시스템이다.

이 기반 위에서 암호화폐는 작동한다. 화폐처럼 결제에 사용되고, 자산처럼 저장되며, 증권처럼 거래되기도 한다. 하지만 가장 중요한 본질은 그것이 블록체인 생태계의 순환을 가능하게 하는 연료이자 참여자의 자격이라는 점이다. 네트워크 운영자에게 보상으로 주어지고, 플랫폼의 사용을 가능하게 하며, 생태계 내부에서 가치를 전환하는 매개가 된다.

예컨대, 이더리움은 암호화폐를 넘어 스마트 계약이 작동하는 플랫폼이다. 이더는 그 계약을 실행하는 데 필요한 자산이며, 플랫폼 이용의 기본 단위다. 사용자는 서비스를 이용하기 위해 이더를 사용해야 하며, 플랫폼은 자체적인 경제 구조를 갖는다. 비트코인은 그보다 더 본질적인 도전이었다. 국가나 중앙은행이 발행하지 않아도 신뢰받는 화폐 시스템이 작동할 수 있음을 보여준 사례로서, 수학적 알고리즘과 네트워크 합의만으로도 통화가 될 수 있다는 선언이었다.

디지털 자산은 다양한 방식으로 기능한다. 첫째, 결제 수단으로서의 역할을 수행하며, 특히 국가 통화가 불안정한 지역에서는 실질적인 대안 화폐로 사용되기도 한다. 둘째, 가치 저장 수단으로 투자 대상이 될 수 있고, 일부는 디지털 금이라고 한다. 셋째, 블록체인 시스템 내에서는 인센티브 구조를 구성하는 핵심이 된다. 네트워크의 보안 유지, 거래 처리, 서비스 이용 등 다양한 활동에 대한 보상 수단으로 활용된다. 넷째, 플랫폼의 의사결정 구조에 참여하는 도구가 되기도 한다. 일부 프로젝트에서는 토큰 보유량에 따라 운영 정책에 투표할 수 있는 권리가 부여된다.

특히 디지털 자산은 단순한 교환 수단이나 투자 대상이 아니라, 하나의 경제 구조를 설계할 수 있는 도구라는 점에서 중요하다. 예를 들어, DAO, 즉 탈중앙화 자율조직에서는 토큰이 재화를 넘어 정체성, 권한, 보상의 단위로 작용한다. 이는 법인과 주주의 개념을 넘어서는 새로운 형태의 금융 공동체를 가능하게 만든다.

물론 현실적인 제약도 있다. 디지털 자산은 여전히 높은 가격 변동성을 보이고, 법적 지위나 제도적 수용이 미비하며, 해킹이나 사기 위험도 존재한다. 하지만 동시에 이들은 기존 금융 시스템이 해결하지 못한 문제에 대해 실제로 작동할 수 있는 대안을 제시하고 있다. 거래 속도, 수수료, 투명성, 국경의 제약 같은 영역에서 디지털 자산은 분명한 성과를 거두고 있다.

금융은 더 이상 물리적 공간에 머물지 않는다. 디지털 자산은 네트워크 안에서, 코드 위에서, 지갑 속에서 작동한다. 이제 금융은 중앙기관이 독점하던 권한을 재조정하며, 더 작은 단위로 나뉘고, 더 넓은 범위로 확산된다. 디지털 자산은 이 흐름의 한가운데에서 금융이 어떻게 설계되고, 작동하고, 변화할 수 있는지를 보여주는 실질적인 사례다.

[2]
디지털 자산이 금융 서비스에 끼치는 영향

금융은 자산을 따라 진화한다. 디지털 자산은 그 자체로 새로운 금융의 동력이다. 암호화폐나 NFT 같은 디지털 자산은 단순한 투자 대상이 아니다. 그것들은 금융의 구조, 설계 방식, 운영 원리를 근본부터 다시 쓰는 수단이 되고 있다.

디지털 자산이 가져온 첫 번째 변화는 금융 시스템의 기술 기반을 바꿔놓았다는 점이다. 기존 금융은 중앙 서버와 폐쇄형 전산망을 기반으로 작동했다. 반면 블록체인 위에서 움직이는 디지털 자산 기반의 금융은 분산형 네트워크와 스마트 콘트랙트를 중심으로 구성된다. 누구의 승인도 필요 없이, 설정된 조건만 충족되면 자동으로 대출이 실행되고 이자가 지급된다. 코드가 신뢰를 대체하고, 중개자를 생략한 구조가 실현된다. 이로 인해 금융 서비스는 더 빠르게, 더 저렴하게, 더 개방된 형태로 제공될 수 있다.

두 번째 변화는 금융의 설계와 운영 방식이 참여형 구조로 전환되고 있다는 점이다. 전통 금융에서는 인가받은 기관만이 금융상품을 설계하고, 판매하고, 관리할 수 있었다. 디지털 자산 기반의 금융에서는 누구나 플랫폼을 만들고, 참여자가 직접 운용할 수 있다. 토큰을 발행해 초기 자금을 모으고, 운영과 수익 배분도 커뮤니티의 합의로 결정되는 새로운 거버넌스 모델이 등장했다. 사용자들은 소비자일 뿐 아니라, 수익을 나누고 규칙을 함께 결정하는 참여자가 된다.

또한 디지털 자산은 금융의 국경을 없앤다.[26] 특정 국가의 통화나 제도에 종속되지 않고, 인터넷만 있다면 어디서든 동일한 방식으로 이용할 수 있는 금융 시스템이 가능해졌다. 이는 전 세계 수억 명의 금융 소외 계층에게 실질적인 대안이 될 수 있다. 금융이 더 이상 국가 단위의 공공 인프라에만 의존하지 않고, 탈중앙적인 플랫폼에서도 작동할 수 있음을 보여준다.

이러한 변화는 금융의 정의 자체를 다시 묻게 만든다. 금융은 단순히 자산을 관리하고 리스크를 회피하는 산업이 아니라, 이제는 기술과 구조를 통해 분산적이고 자율적으로 작동할 수 있는 메커니즘이 되었다. 디지털 자산은 그 구조를 가능하게 하는 핵심 도구다.

물론 현실에는 여전히 많은 과제가 남아 있다. 규제는 제도 밖의 자산을 받아들이지 못하고 있고, 가격 변동성과 해킹 리스크는 신뢰를 흔들 수 있다. 하지만 이미 블록체인을 기반으로 작동 중인 금융 시스템이 있다. 누구나 접근할 수 있고, 중개자가 필요 없으며, 구조가 투명한 새로운 금융은 실험이 아니라 현실이다.

금융은 더 이상 은행이라는 공간에만 머물지 않는다. 그것은 플랫폼에서, 네트워크에서, 지갑 속에서 작동한다. 그리고 디지털 자산은 그 작동 방식을 재정의하고 있다. 금융의 혁신은 기술의 발전이 아니라 구조의 재구성이며, 디지털 자산은 그 중심에서 변화를 이끌고 있다.

글로벌 금융 산업은 어디로 향하고 있을까?

　금융은 원래 국경을 전제로 설계된 산업이었다. 각국의 중앙은행은 통화를 발행하고, 각기 다른 금융 규제와 회계 기준은 국경 안에서만 유효했다. 달러는 미국에서, 엔화는 일본에서, 원화는 한국에서만 통용되는 세계였다. 하지만 기술이 금융의 경계를 허물고, 자산이 디지털화되며, 고객이 플랫폼 위로 이동하면서 고정된 질서는 흔들리기 시작했다.

　지금 금융은 국가의 경계보다 인터넷의 경로를 따라 움직이고, 제도보다 사용자의 경험을 중심으로 설계되며, 기관보다 플랫폼과 커뮤니티가 권력을 가진 구조로 변화하고 있다. 더 이상 금융은 특정 국가의 제도 안에만 머무르지 않는다. 디지털 자산, 글로벌 핀테크, 국경 없는 결제 시스템은 금융이 언제든, 어디서든 작동할 수 있는 인프라로 진화하고 있음을 보여준다.

　이런 변화 속에서 국가 간 규제는 점점 더 조정과 충돌을 반복하고 있다. 어떤 국가는 암호화폐를 제도화하고, 어떤 국가는 전면 금지하며, 또 어떤 국가는 중앙은행 디지털화폐를 발행하며 새로운 질서를 시도하고 있다. 미국은 증권법을 통해 암호화 자산을 통제하려 하고, 유럽은 MiCA와 같은 새로운 규제 틀을 만들고 있으며, 중국은 기술 기반 금융 실험을 확장하고 있다.

미국, 중국, 유럽 비교

구분	미국(빅테크)	중국(국가 주도)	유럽(규제 기반)
주도권	애플·구글 등 민간	인민은행·정부	EU·공공기관
BaaS 방식	민간 API·혁신	국가 인프라·통제	오픈뱅킹·PSD2
규제	유연·자율	강력한 감독	소비자 보호·표준화
기술	AI·플랫폼	대규모 실증	데이터·보안

각국의 접근 방식은 다르지만, 던지는 질문은 같다. "금융은 플랫폼을 따라갈 것인가, 제도를 따라갈 것인가?"

글로벌 금융 산업은 통화의 정의를 다시 쓰고 있다. 디지털 달러와 디지털 위안화, 스테이블코인과 글로벌 결제 네트워크, 다국적 은행과 국경 없는 대출 시스템과 같이, 금융은 하나의 나라, 하나의 기관이 아니라, 거버넌스와 기술, 소비자 신뢰의 조합으로 작동하는 새로운 생태계를 요구한다. 그 안에서 은행은 더 이상 로컬 금융기관이 아니라, 데이터와 연동된 글로벌 금융노드로 기능할 수밖에 없다.

여기에서는 이러한 변화의 흐름 속에서 각국이 어떻게 대응하고 있는지를 살펴보고, 글로벌 금융 시스템의 미래가 어떤 방향으로 나아가고 있는지를 조망하고자 한다. 그것은 해외 사례를 나열하는 것을 넘어, 금융이 글로벌 언어가 되어가는 과정과 그 언어를 누가 설계하고 해석할 것인가에 대한 논의다.

금융은 더 이상 국내 산업이 아니다. 이제 그 진로는 세계 질서, 기술 흐름, 데이터 네트워크, 그리고 규제의 유연성에 의해 결정된다. 글로벌 금융의 미래는 누가 더 빨리 움직이느냐가 아니라, 누가 더 정교하게 연결하느냐에 달려 있다.

[1]
해외 금융 시장의 변화 흐름은?

글로벌 금융 시장은 지금, 기술 혁신을 넘어 구조적 전환의 문턱에 서 있다. 금융의 규칙은 더 이상 고정되어 있지 않고, 주도권은 전통적인 금융기관에서 기술 기업과 플랫폼으로 이동하고 있다. 변화는 일시적인 흐름이 아니라, 전체 시스템의 작동 원리를 바꾸는 식으로 향한다.

첫째, 금융의 중심축이 재편되고 있다. 과거에는 미국의 연방준비제도와 월가가 세계 금융의 중심이었다. 그러나 이제는 동남아시아의 디지털 은행, 아프리카의 모바일 머니, 중남미의 암호화폐 수용률 등 신흥국에서 전례 없는 속도로 금융 진화가 일어나고 있다. 더 이상 금융 혁신은 선진국에서만 시작하지 않는다. 오히려 제도적 제약이 덜

한 지역에서 실험과 적응이 빠르게 이루어지며, 이들이 글로벌 표준을 바꾸는 새로운 기준점이 되고 있다.

둘째, 통화의 정의가 변하고 있다. 중앙은행이 발행하는 통화만이 가치를 지닌 시대는 끝나고 있다. 스테이블코인, CBDC, 암호화폐 등 다양한 형태의 디지털 자산이 통화의 자리를 두고 경쟁하고 있다. 특히 미국의 USDC, 중국의 디지털 위안, 유럽의 디지털 유로 추진은 국가 차원의 통화 주권이 다시 설계되는 움직임이다. 이와 동시에 비국가 단위의 통화 실험도 계속되고 있다. 메타구 페이스북의 디엠 프로젝트는 실패했지만, 그 시도는 여전히 글로벌 기업들이 금융권력에 도전할 수 있음을 상징한다.

셋째, 규제와 기술의 간극이 벌어지고 있다. 기술은 금융을 더 빠르고, 저렴하고, 개방된 방향으로 밀어붙이고 있지만, 각국의 규제는 여전히 오프라인 시대의 틀에서 벗어나지 못하고 있다. 특히 암호자산에 대한 법적 분류, 글로벌 자금세탁 방지 체계, 개인정보 보호와 KYC의 충돌 등은 글로벌 공통의 과제가 되고 있다. 이에 따라 국제기구 차원의 조율이 필요하다는 목소리도 커지고 있다. 실제로 국제결제은행BIS이나 국제통화기금IMF은 공통 규범 마련을 시도하고 있지만, 이해관계가 복잡하게 얽혀 진전은 더딘 상황이다.

넷째, 금융 소비자와 플랫폼의 관계가 바뀌고 있다. 과거 금융의 소비자는 고객이었다. 그러나 이제는 사용자이자 참여자이며, 때로는 데이터 제공자이자 거버넌스의 일부가 된다. 디지털 지갑을 통해 글로벌 금융 서비스에 접근할 수 있게 되면서, 플랫폼은 국경을 넘어 고객을 확보하고, 맞춤형 금융 서비스를 제공하는 새로운 은행이 되고 있다. 이들은 전통 은행보다 더 빠르게, 더 효율적으로, 더 개인화된 서비스를 제공하며 금융시장의 새 질서를 만들어가고 있다.

마지막으로, 금융은 이제 실물경제와 데이터경제의 중간 지점에 위치하게 되었다. 공급망 금융, ESG 기반 대출, 커머스형 신용평가처럼, 실시간 데이터와 실제 거래가 결합한 금융 구조가 등장하고 있다. 자산의 평가 기준도 달라지고 있으며, 신용 점수뿐 아니라 행동 패턴, 거래 이력, 플랫폼 참여도가 새로운 리스크 평가 기준으로 작동하고 있다.

이 모든 변화는 금융이 더 이상 특정 기관이나 국가가 독점하는 서비스가 아님을 보여준다. 금융은 점점 더 글로벌하고, 유연하며, 사용자 중심적인 산업으로 재편되고 있다. 미래의 금융은 국가의 통화 정책보다 플랫폼의 알고리즘이 더 큰 영향을 미칠 수 있으며, 금융 규제는 기술보다 한발 뒤에서 따라가는 구조가 될 가능성이 높다.

글로벌 금융의 변화는 이제 단절과 혁신이라는 단어로만 설명할 수 없다. 그것은 기존의 틀을 조금씩 해체하고, 새로운 연결 방식을 실험하며, 금융이 작동하는 지형 자체를 다시 그리는 과정이다. 그 과정은 이미 시작되었고, 멈출 수 없다.

(2)
전 세계에서 통하는 금융 서비스의 기준은?

글로벌 금융의 지형이 변하고 있다. 한 나라의 제도에만 의존했던 금융은 이제 국가 간 경계를 넘나드는 서비스로 진화하고 있으며, 사용자 역시 더 이상 로컬 고객이 아니다. 디지털 지갑 하나로 국경을 넘고, 가상 자산 하나로 투자와 대출, 결제를 동시에 경험한다. 그렇다면 앞으로 국제적으로 통용될 금융 서비스는 어떤 방향으로 나아가야 할까?

첫째, 범용성과 상호운용성이 핵심이 된다. 이제 금융 서비스는 특정 국가의 규제나 통화 시스템에만 묶여서는 안 된다. 스위프트SWIFT나 페이팔PayPal, 와이즈Wise 같은 기존 크로스보더 금융망은 일정 부분 이 문제를 해결했지만, 디지털 자산과 블록체인 기반 결제 시스템은 더 빠르고 직접적으로 연결된다. 향후에는 국가 통화를 기반으로 하되, 디지털 형식으로 호환 가능한 중앙은행 디지털화폐와 글로벌 결제 스테이블코인이 주요 인프라로 작동할 가능성이 높다. 사용자는 단일 인터페이스 안에서 다양한 통화를 교환하고, 실시간으로 정산하며, 플랫폼 간 이동이 가능해지길 원한다. 따라서 어떤 서비스든 기술적으로 연동 가능하고, 법적으로 접속 가능한 구조를 전제로 설계되어야 한다.

둘째, 규제 친화적인 설계가 중요하다. 국제적으로 통용되기 위해서는 규제를 피하는 것이 아니라, 각국의 규제와 정합적인 구조를 갖춰야 한다. AML, KYC, FATF국제자금세탁방지기구 권고안 등 글로벌 기준을 반영한 서비스만이 지속 가능한 확장을 꾀할 수 있다. 특히 유럽의 MiCA, 미국의 SEC 기준, 싱가포르나 두바이의 암호자산 규제 모델 등은 향후 글로벌 서비스가 진입할 수 있는 합법적 경로를 제시하고 있다. 따라서 이러한 틀 안에서 작동할 수 있도록 기술과 서비스가 설계되어야 할 것이다.

셋째, 플랫폼 중심의 유통 구조가 강화될 것이다. 앞으로의 금융은 더 이상 은행 애플리케이션에만 머물지 않는다. 글로벌 커머스, 모빌리티, 콘텐츠, 메신저 플랫폼 등 생활의 흐름 속에 자연스럽게 탑재되는 방식으로 확장된다. 애플페이와 같은 인앱 결제 시스템, 위챗페이나 카카오페이처럼 생태계 내에서 폐쇄적으로 작동하는 금융 기능은 그 자체로 국가를 초월한 금융의 예시다. 결제, 송금, 보험, 대출, 자산관리까지 플랫폼에 통합되어 제공되는 구조는 사용자에게 익숙하고, 빠르고, 실용적이다. 결국 국제적으로 통용될 금융은 은행이 아니라 플랫폼을 바탕으로 하는 금융이 된다.

넷째, UX의 단순화와 현지화 전략이 병행되어야 한다. 글로벌화는 모든 것을 표준화하는 것이 아니라, 각 시장에 맞춰 가장 직관적인 금융 경험을 제공하는 것이다. 언어, 환율, 수수료 체계, 리스크 허용 범위, 고객지원 방식 등은 지역마다 다르기 때문에, 글로벌 금융 서비스는 하나의 백엔드와 여러 개의 프론트엔드를 갖는 구조로 발전해야 한다. 예를 들어, 동일한 금융 인프라 위에서 미국 사용자는 암호자산 기반 투자 상품을, 인도네시아 사용자는 마이크로크레딧을, 유럽 사용자는 ESG 대출 상품을 경험할 수 있어야 한다. 이는 기술보다 전략의 문제이며, 사용자 중심 설계의 핵심이 된다.

마지막으로, 금융 신뢰를 구축하는 방식 자체가 달라질 것이다. 과거에는 국가의 보증이나 은행의 브랜드가 신뢰의 전부였다. 하지만 이제는 블록체인의 투명성, 스마트 콘트랙트의 자동성, 커뮤니티 기반의 의사결정 구조 같은 기술 기반의 신뢰 메커니즘이 서비스의 핵심 신뢰 자산이 된다.

서비스가 글로벌하게 통용되려면, 신뢰도 역시 글로벌 기준에 맞춰 구성되어야 한다. 브랜드보다 구조, 광고보다 오픈소스 코드, 로컬 감정보다 글로벌 검증이 중요한 시대가 도래한 것이다. 이러한 흐름에서 국제적으로 통용될 금융 서비스는 단순히 국경을 넘는 것을 넘어, 기술, 제도, 사용자, 플랫폼이 동시에 작동하는 통합 구조로 진화할 것이다. 그리고 그 구조의 중심에는 하나의 은행이 아니라, 다양한 산업과 기술, 사용자 네트워크가 연결된 생태계가 자리할 것이다.

04
AI와 빅데이터가 만드는 맞춤형 금융

금융은 원래 숫자의 산업이었다. 이자율, 신용 점수, 리스크 계수 같은 수치가 핵심이었고, 그 수치는 전문가가 정한 규칙에 따라 계산되었다. 그러나 지금 금융은 더 이상 정해진 수학을 따르지 않는다. 인공지능은 데이터를 통해 패턴을 읽고, 알고리즘은 사용자의 행동을 학습하며, 금융은 점점 더 개인화되고 실시간화되고 있다.

AI는 금융을 예측 가능한 산업으로 바꾸고 있다. 과거에는 고객의 신용도를 판단하기 위해 과거 거래 내역, 연소득, 직업 정보 등을 기준으로 했지만, 지금은 전혀 다른 데이터들이 동원된다. 결제 빈도, 쇼핑 취향, 클릭 패턴, 위치 정보 같은 비정형 데이터가 신용의 기준이 되고, 알고리즘은 이 데이터를 실시간으로 평가해 금융 의사결정을 수행한다. 점수는 사람이 계산하는 것이 아니라, AI가 예측하고 조정한다.

금융의 중심도 변하고 있다. 예전에는 은행원이 추천한 상품을 선택했지만, 이제는 추천 알고리즘이 고객의 소비 흐름에 맞춰 보험과 대출, 투자 상품을 자동 제안한다. 플랫폼 금융에서 마케팅은 점점 자동화되고 있으며, 고객은 선택하는 것이 아니라 제안을 받아들인다. 이때 데이터는 기록을 넘어 설계의 재료다. 과거에는 고객 정보를 참고했지만, 이제는 고객 행동이 상품 그 자체를 바꾼다.

AI의 진화는 금융의 본질에도 도전하고 있다. 인간 중심의 금융은 감정과 경험을 기반으로 신뢰를 쌓았다. 그러나 AI는 수치와 확률, 패턴을 기반으로 결정을 내린다. 인간의 직관은 사라지고, 알고리즘의 해석이 중심이 되는 시대다. 이는 금융의 효율성을 극대화하는 동시에, 금융의 책임과 공정성, 투명성에 대한 새로운 기준을 요구한다. AI는 언제나 옳은가? 고객은 알고리즘을 이해할 수 있는가? 편향된 데이터는 공정한 금융을 방해하지 않는가? 기술이 발전할수록, 금융의 윤리와 설계 철학은 더 정교해져야 한다.

인공지능과 데이터 기술이 어떻게 금융 산업을 변화시키고 있는지 살펴본다. 그것은 단지 자동화의 문제가 아니다. 데이터 기반 금융은 인간이 만든 규칙을 넘어서는 구조로 진화하고 있다. 그리고 그 구조 안에서 "무엇을 기준으로 금융을 설계하고 판단할 것인가?"라는 새로운 질문과 마주해야 한다.

(1)
인공지능은 어떻게 금융을 더 똑똑해지게 만들까?

예측은 금융의 본질이다. 이자율을 결정할 때도, 보험료를 산출할 때도, 대출 상환 가능성을 평가할 때도 결국 필요한 것은 미래에 대한 판단이다. 과거에는 이 판단이 통계와 규칙, 전문가의 경험에 기반해 내려졌다. 그러나 지금은 데이터가 그 판단을 대신한다. 알고리즘은 방대한 데이터를 수집하고, 분석하고, 학습하며, 그 안에서 규칙을 스스로 발견한다. 금융은 점점 더 인간의 직관이 아닌, 기계의 학습을 기반으로 움직이고 있다.

인공지능은 특히 리스크 평가 영역에서 큰 변화를 일으키고 있다. 전통적인 신용평가 시스템은 고정된 기준에 따라 고객의 점수를 매겼다. 연소득, 재직 기간, 부채 비율, 금융 이력 같은 항목이 표준이었다. 하지만 이런 기준은 포괄적이지 못했고, 금융 소외 계층을 구조적으로 배제했다. 지금은 다른 방식이 등장하고 있다. 고객의 온라인 쇼핑 패턴, 모바일 결제 빈도, 위치 기반 활동, 심지어는 문장의 어휘 스타일까지도 신용을 구성하는 요소가 된다. AI는 이러한 비정형 데이터를 정형화하고, 그 안에서 패턴을 추출해 새로운 형태의 신용지표를 만들어낸다.

빅데이터의 역할도 결정적이다. 단일 고객의 행동을 분석하는 데 그치지 않고, 수백만 명의 행동을 실시간으로 비교하고, 집단의 평균을 기준으로 개인의 위험도를 예측한다. 대출 사기 탐지, 보험금 청구 이상 탐색, 투자 자문 자동화 같은 분야에서 빅데이터는 기존의 룰을 기반으로 한 시스템보다 훨씬 정교한 성과를 만들어낸다. 금융기관은 데이터를 기록으로만 보지 않는다. 데이터는 이제 전략이고 무기이며,

예측 가능한 행동 모델이다.

예를 들어, 아마존은 AWS를 통해 고객사의 결제 흐름을 분석하고, 이를 바탕으로 자금 수요를 예측하며, 단기 대출 상품을 제공한다.[27] 골드만삭스는 AI 기반 트레이딩 시스템을 도입해 시장 흐름에 반응하는 알고리즘을 강화하고 있으며, 알리페이와 같은 플랫폼은 사용자의 생활 패턴을 실시간으로 분석해 초개인화된 금융 추천을 제공한다. 이 모든 흐름은 금융이 더 이상 독립된 산업이 아니며, 데이터 산업을 기반으로 세워지고 있음을 보여준다.

문제는 이 변화가 기술적인 혁신을 넘어, 금융의 철학 자체를 바꾼다는 점이다. 금융은 원래 공공성과 신뢰를 전제로 하는 산업이었다. 그러나 AI 기반 금융은 고객이 어떤 이유로 거절당했는지 알기 어려운 '블랙박스 결정 구조'를 만들어낸다. 알고리즘은 빠르고 효율적이지만, 그 판단이 항상 공정하다고 말할 수는 없다. 알고리즘에 편향이 있다면, 그 결정 역시 차별적일 수 있다.

그런데도 인공지능과 빅데이터는 금융 산업의 중심으로 빠르게 이동하고 있다. 빠른 판단, 낮은 비용, 높은 정밀도는 기술이 가져다준 명백한 이점이다. 특히 기존 금융 접근이 어려웠던 개인과 소상공인에게 새로운 기회를 제공한다는 점에서, 이 변화는 단순한 기술 적용이 아니라 금융의 확장을 의미한다.

결국 AI와 빅데이터는 금융을 더 정확하게 만들고 있지만, 동시에 설계 가능하게 만든다. 고객은 더 이상 상품을 비교하고 선택하는 것이 아니라, 알고리즘이 설계한 금융 여정 속에서 자연스럽게 움직인다. 그리고 그 여정의 시작점은 은행이 아닌 데이터다.

(2)
나에게 꼭 맞는 금융상품이 자동으로 제안되는 시대

은행은 오랫동안 '모두를 위한 금융'을 추구해왔다. 동일한 금리, 동일한 조건, 동일한 상품이 전제였다. 그러나 고객의 삶은 그렇지 않다. 수입과 지출, 소비 성향, 금융 이해도, 인생의 목표는 모두 다르다. 문제는 은행이 그 다름을 이해하지 못했다는 데 있었다. 하지만 인공지능은 그 차이를 읽기 시작했고, 데이터는 그 차이를 기반으로 새로운 금융을 만들어내고 있다.

개인화된 금융 서비스란 추천 서비스를 넘어, 고객의 행동을 중심으로 금융이 맞춤 설계되는 구조다. 예를 들어, 매달 일정 금액을 온라인 쇼핑에 사용하고 특정 시기에 집중 소비하는 경향이 있다면, AI는 그 패턴을 감지해 해당 시점에 맞춘 결제 혜택, 분할 납부 옵션, 쇼핑 적금 상품을 자동 제안할 수 있다. 이는 마케팅 자동화를 넘어, 금융이 고객의 생활 주기에 맞춰 진화하는 과정이다.

또 다른 사례를 보자. 프롭테크proptech 기업들은 주거 데이터를 기반으로 주택 구매 가능성과 대출 상환 여력을 예측한다. 고객이 특정 지역의 부동산 정보를 자주 검색하거나, 이사 계획과 관련된 소비 행동을 보이면, AI는 자동으로 모기지 상품을 추천하고, 대출 승인을 사전 예측한다. 이때 고객은 별도의 서류나 상담 없이도 자신에게 최적화된 금융 제안을 앱에서 바로 받을 수 있다.

이처럼 AI 기반 금융 혁신은 두 가지 방향으로 동시에 진행되고 있다. 하나는 초개인화이고, 다른 하나는 초자동화다. 초개인화는 데이터를 통해 고객 개개인의 욕구와 여정을 이해하고, 그에 맞춘 금융 솔루션을 제공하는 것이다. 초자동화는 솔루션의 설계, 추천, 실행까지의 전 과정을 사람의 개입 없이 기술이 처리하는 구조다. 고객은 질문하지 않고도 답을 받고, 신청하지 않고도 승인받으며, 결심하지 않아도 금융을 이용한다.

이런 변화는 전통 금융기관에 새로운 과제를 던진다. 이제 금융은 더 이상 상품 중심의 구조로는 살아남을 수 없다. 고객 중심, 더 나아가 고객 행동 중심의 설계가 필요하다. 동시에 데이터의 수집, 해석, 활용 방식에 대한 기술적 역량과 윤리적 기준도 갖춰야 한다. 개인정보 보호, 알고리즘 투명성, 추천 시스템의 공정성 같은 문제는 기능이 아닌 신뢰의 조건이 된다.

금융은 점점 숨겨진 상태로 작동할 것이. 고객은 더 이상 금융을 직접 고르지 않는다. 앱 혹은 플랫폼 또는 AI가 고객의 삶을 읽고 금융을 설계한다. 이 과정이 매끄럽고 정교할수록, 금융은 고객의 삶에 더 깊숙이, 더 조용히 스며든다. 그리고 그 순간, 우리는 고객에게 맞는 금융이 아닌, 고객을 위한 금융의 새로운 정의와 마주할 것이다.

05
ESG는 왜 금융에도 중요한가?

금융은 오랫동안 수익률과 리스크라는 두 축을 기반으로 움직였다. 좋은 금융이란 높은 수익을 낮은 리스크로 달성하는 구조였다. 그러나 이제 금융은 새로운 세 번째 축을 요구받는다. 바로 지속 가능성이다. 그것은 윤리적 선택을 넘어 생존을 위한 전략이고, 투자 판단의 기준이며, 산업 전체의 가치 전환을 이끄는 방향이기도 하다.

ESG는 금융이 사회 전체와 어떻게 연결되어야 하는지를 묻는다. 환경Environment, 사회Social, 지배구조Governance라는 세 가지 요소는 더 이상 비재무적 요소가 아니다. ESG는 금융의 수익성을 평가하는 새로운 기준이며, 자본의 흐름을 바꾸는 실제적 원인이다. 투자자는 기업의 매출보다 탄소 배출량에 주목하고, 대출기관은 담보보다 기업의 노동 정책을 검토하며, 보험사는 재무제표보다 기후 리스크 모델링에 더 많은 비용을 투입한다.

지속 가능한 금융은 기존 금융과 완전히 다른 질문에서 출발한다.

이 사업은 5년 뒤에도 유효한가? 이 대출은 환경에 어떤 영향을 미치는가? 이 투자는 지역 사회에 어떤 기회를 제공하는가? 이 프로젝트의 운영 구조는 투명한가? 이제 자본은 숫자만을 따지지 않으며, 설명을 요구한다.

금융기관들도 이 변화에 반응하고 있다. 글로벌 자산운용사들은 ESG 기준에 맞는 펀드 상품을 앞다투어 출시하고 있고, 주요 은행들은 기후 금융 전담 부서를 운영하며, 보험사들은 기상이변 시뮬레이션을 통해 상품 구조를 개편하고 있다. 이 흐름은 단순히 '착한 금융"을 지향하는 것이 아니다. 불확실성과 리스크가 커진 세계에서, 가장 안전하고 확장성 있는 전략이기 때문이다.

기후 변화, 사회 불평등, 기업의 신뢰 위기는 모두 금융이 더 이상 외면할 수 없는 현실이다. ESG는 선택이 아닌 필수로, 장기적 생존과 연결된 조건이다. 특히 탄소배출권, 녹색채권, 지속가능채권SLB, 사회책임투자SRI와 같은 금융상품은 이제 주요 금융사들의 수익 포트폴리오 안에서 핵심적인 영역으로 자리 잡고 있다.

이 장에서는 ESG가 금융 산업에서 어떻게 자리 잡고 있으며, 지속 가능한 금융 모델이 어떻게 작동하고 있는지 살펴본다. 수익률만을 기준으로 했던 금융의 시대에서, 이제 금융은 사회와 환경의 리스크를 분석하고, 기업의 거버넌스를 재평가하며, 장기적 가치를 기준으로 자본을 재배치하는 산업으로 바뀌고 있다. 그리고 그 변화의 끝에서 묻는다. 금융은 무엇을 위해 존재하는가? 그 질문의 답은 이제 수익률이 아니라, 지속 가능성이라는 이름의 책임이 되고 있다.

(1)
환경과 사회적 가치가 금융의 기준이 된다

금융은 자본이 흐르는 방향을 설계하는 산업이다. 그리고 자본의 흐름은 곧 사회의 방향을 결정짓는다. 어떤 기업에 대출이 나가고, 어떤 프로젝트에 투자가 이루어지며, 어떤 상품이 보장받는가에 따라 세상은 달라진다. 과거에는 이 흐름이 수익률과 리스크만으로 결정되었다면, 이제는 '책임'이라는 기준이 새롭게 들어서고 있다. ESG는 바로 그 기준의 이름이다.

먼저, 환경은 금융 리스크의 핵심 요소가 되었다. 기후변화, 탄소배출, 에너지 소비와 같은 문제가 투자 대상의 지속 가능성뿐 아니라 수익 구조에도 직결되기 때문이다. 실제로 전 세계 주요 금융기관들은 탄소 집약적 산업에 대한 익스포저자금 노출도를 축소하고 있으며, 친환경 프로젝트나 재생 에너지 분야에 대한 자금 지원이 급격히 늘고 있다. 그린워싱greenwashing을 감별하는 평가 시스템도 점차 정교해지고 있으며, 기업은 더 이상 환경적 영향을 외면한 채 자본을 유치하기 어렵다.

둘째, 사회는 기업의 노동 환경, 다양성, 공급망 관리, 지역사회 기여도와 같은 요소를 포함한다. 금융기관들은 기업의 재무제표만이 아니라, 이들이 사회적 책임을 어떻게 다하는지, 위기 상황에서 어떤 방식으로 대응하고 있는지 함께 평가하기 시작했다. 특히 팬데믹 이후로 회복탄력성과 공공성이 금융의 새로운 리스크 지표가 되었고, 직원 처우, 안전 보장, 공급망 윤리성은 신용평가에도 영향을 미치고 있다.

셋째, 지배구조는 기업이 얼마나 투명하고, 책임 있게 운영되는지 나타낸다. 이사회 구성원의 다양성, 독립성, 감사의 투명성, 내부 통제 시스템의 실효성 등은 모두 투자 판단의 기준이 된다. 금융기관들은 이제 단기적인 이익이 아니라, 지속적인 경영이 가능할지를 묻는다. 특히 기업의 위기 대응 능력이나 정보 공개의 신속성과 같은 요소는 점점 더 실질적인 투자 리스크로 간주된다.

ESG는 이처럼 이미지나 캠페인의 문제가 아니라, 금융의 정량적 평가 지표를 변화시키고 있는 구조적 변화다. 국제신용평가사들은 ESG 요소를 등급 산정에 반영하고 있으며, 일부 국가에서는 연기금이나 국부펀드에 대해 ESG 기반의 투자 의무를 법제화하고 있다. 또한 ESG 요소를 기준으로 한 금융상품, 녹색채권Green Bond, 지속가능채권, ESG 펀드는 빠르게 시장의 주류로 부상하고 있다.

무엇보다 중요한 것은, ESG가 수익성과 충돌하는 가치가 아니라는 점이다. ESG를 잘 수행하는 기업은 위기 대응 능력이 높고, 장기적 리스크를 더 잘 관리하며, 고객과 투자자로부터 더 큰 신뢰를 얻는다. 이는 곧 실제적인 수익률로 연결된다. ESG는 '착한 투자'가 아니라, '지속 가능한 투자', 나아가 '현명한 금융'의 새로운 이름이 되었다.

금융은 숫자 위에서 작동하는 산업이지만, 그 숫자 뒤에는 늘 사람과 환경, 제도가 있다. ESG는 그 배경을 다시 들여다보게 만드는 질문이다. 무엇을 위해 자본을 흐르게 할 것인지, 금융은 이제 그 질문에 응답해야 한다.

ESG 채권 분류표

분류	주요 내용
녹색채권	친환경 프로젝트(신재생에너지, 탄소감축 등)
사회채권	사회적 가치(주거, 의료, 교육 등)
지속가능채권	환경+사회 복합 프로젝트

(2)
지속 가능한 금융이란 어떤 모습이어야 할까?

지속 가능성은 이제 선택의 문제가 아니다. 사회는 금융에 묻는다. 단기 수익을 위해 환경을 파괴하고, 비윤리적 공급망에 자금을 공급하며, 리스크를 외부로 전가하는 시스템이 과연 지속 가능한가? 그리고 금융은 이 질문에 답해야 한다. 숫자로, 구조로, 시스템으로. 그 과정에서 등장한 것이 바로 지속 가능한 금융 모델이다.

지속 가능한 금융이란 친환경 산업에 투자하거나 윤리적 기업에만 자금을 공급하는 것만이 아니다. 그것은 자본이 작동하는 방식 자체를 바꾸는 일이다. 자금이 공급되는 방향, 위험을 측정하는 기준, 수익을 배분하는 방식, 금융상품을 설계하는 원칙까지 ESG 요소를 내재화하는 것이다. 이 모델은 금융이 사회적 리스크를 포착하고, 장기적인 회복력과 안정성을 기반으로 수익을 만들어내도록 설계된다.

이 모델이 중요한 이유는 명확하다. 첫째, 기후 위기와 자원 고갈, 사회 불평등과 같은 거대한 구조적 문제는 더 이상 비재무적 요소가 아니다. 실제 금융 리스크이며, 산업 존속의 조건이다. 예를 들어, 탄소세 도입이나 규제 강화는 산업 전체의 비용 구조를 뒤흔들 수 있고, 소비자 불매 운동이나 공급망 붕괴는 수익성에 치명적 영향을 미친다. 따라서 금융은 이러한 구조적 리스크를 사전에 감지하고 반영할 수 있어야 하며, 이는 곧 지속 가능성에 기반한 자본 배분이 리스크 관리의 핵심이라는 의미다.

둘째, 투자자와 소비자 모두 변하고 있다. 밀레니얼과 Z세대는 투자에서 수익뿐 아니라 가치와 목적을 중요하게 여긴다. 기업의 사회적 역할, 환경에 대한 책임, 투명한 지배구조는 더 이상 보조적인 고려 사항이 아니다. 실제로 글로벌 자산의 ESG 기반 투자 비중은 꾸준히 증가하고 있으며, 대형 연기금과 국부펀드들도 ESG 요건을 충족하지 못하는 투자처를 배제하는 방향으로 운용 전략을 전환하고 있다. 금융기관 역시 이런 흐름에 맞춰 상품과 전략을 재정비하지 않으면 도태될 수밖에 없다.

셋째, 규제와 제도 또한 지속 가능한 금융으로의 전환을 가속화하고 있다. 유럽연합의 SFDR지속가능금융 공시 규제, 녹색분류체계 Taxonomy Regulation, 한국의 K-택소노미, 미국 증권거래위원회의 ESG 보고 의무 강화 등은 모두 금융기관과 기업에 ESG 통합을 요구하는 명확한 신호다. 과거엔 자율이던 것이 이제는 의무가 되었으며, ESG는 점차 기업 평가와 금융 거래의 기본 언어가 되고 있다.

그렇다면 앞으로의 금융은 어떻게 변할까?

첫째, 금융상품은 ESG 요소를 내재화한 구조로 재설계될 것이다. 예를 들어, 탄소배출량 감축 실적에 따라 금리가 달라지는 SLB, 특정 사회적 기여를 달성하면 우대 조건이 적용되는 임팩트 대출, ESG 기준에 맞는 기업만을 포트폴리오에 담은 인덱스펀드 등이 그 예다.

둘째, 리스크 모델 역시 확장될 것이다. 재무지표뿐 아니라 ESG 평가 지표가 신용등급과 위험 분석의 핵심 요소로 통합되며, 금융기관은 이에 기반해 자본 비용을 차등화할 가능성이 높다.

셋째, 기술의 진화는 이 과정을 더 정교하게 만들 것이다. 위성 데이터 기반의 기후 리스크 분석, 블록체인을 활용한 공급망 추적, AI 기반 ESG 리포트 자동화는 이미 일부 금융기관에서 실험되고 있다. 지속 가능한 금융은 가치 있는 일을 넘어, 가장 정밀한 전략의 영역으로 진화하고 있다.

지속 가능성은 일시적인 유행이 아니라 금융의 존재 방식을 바꾸는 근본적인 흐름이다. 이 흐름을 읽고, 설계하고, 주도하는 금융기관만이 앞으로의 시장에서 살아남을 수 있다. 지속 가능한 금융 모델은 사회를 위한 금융이면서도, 금융을 위한 미래이기도 하다.

금융은 지금 거대한 전환점을 지나고 있다. 은행이 주도하던 시대에서 플랫폼이 전면에 나선 지금, 질문은 더 이상 "무엇이 변화하는가?"가 아니다. "그 변화 이후 우리는 어떤 금융을 설계해야 하는가?"

BaaS는 하나의 기술이나 비즈니스 모델을 넘어, 금융의 존재 방식 자체를 다시 묻는 구조적 혁신이었다. 은행이 백엔드로 물러나고, 고객은 플랫폼에서 금융을 경험하며, 규제와 기술, 신뢰와 데이터는 전혀 다른 방식으로 얽히기 시작했다. 이제는 "은행이 어디에 있는가?"보다, "누구의 손에 있는가?"를 고민하는 시점에 이르렀다.

이러한 변화는 단지 디지털화의 결과가 아니다. 플랫폼의 경험 설계, 규제의 유연성, 소비자의 관점 전환, 기술적 가능성이 만나면서 금융이 "누구에 의해, 어떤 목적을 위해 작동할 것인가?"라는 근본적 질문을 던지기 시작한 것이다. 바로 이 지점에서, 다음 세대를 위한 금융 전략은 시작된다.

이 장에서는 다음과 같은 질문에 답할 것이다. 플랫폼이 금융을 품을 수 있는가? 은행은 어떤 역할을 선택해야 하는가? 기술, 브랜드, 제도 중 누가 신뢰의 주체가 될 것인가? 그리고 '금융이 민주화된다'는 말은 이상이 아닌 실천 가능한 미래인가? 마지막 장은 이 질문들에 대한 나침반이다. 10년 뒤에도 이 책이 유효하려면, 미래를 말하는 대신 미래를 준비해야 한다. 이 장은 그 준비를 위한 전략적 상상력의 기록이다.

5장

10년 뒤, 우리는 어떤 금융을 만나게 될까?

— 01 —

은행은 계속 존재할 수 있을까?

플랫폼이 금융을 품는 시대, 은행은 어디로 가야 할까? 한때 금융의 중심이었던 은행은 지금 점점 더 조용해지고 있다. 대출은 메신저 안에서 이루어지고, 적금은 쇼핑 앱에서 시작되며, 계좌 개설조차 플랫폼의 UI를 통해 거의 무의식적으로 진행된다. 금융은 여전히 존재하고 있지만 은행의 존재감은 점점 흐릿해지고 있다.

그러나 아이러니하게도, 금융을 '실행'할 수 있는 법적 권한은 여전히 은행에 있다. 예금을 받거나, 여신을 실행하거나, 지급결제 계좌를 운영할 수 있는 권한은 금융감독기관의 인가를 받은 은행에만 부여된다.

플랫폼은 경험을 설계할 수는 있지만, 금융을 실제로 발생시키는 주체는 결국 은행이다. 이 딜레마 속에서 은행은 선택의 기로에 서 있다. 플랫폼의 백엔드로 남을 것인가, 아니면 자체적인 플랫폼화를 통해 다시 고객 앞에 설 것인가? 여기에서는 은행의 본질적 역할이 어떻게 변화하고 있는지, BaaS 이후의 시대에 은행이 가져야 할 전략적 정체성은 무엇인지 살펴본다. 단순한 기능 제공자에 머무를 것인가, 아니면 새로운 플랫폼으로 진화할 것인가? 은행의 미래는 기술이 아닌 위치의 문제일지도 모른다. 어디에 서서, 누구에게, 어떤 방식으로 금융을 제공할지 다시 정해야 하는 시점이다.

(1)
BaaS 시대, 은행은 어떤 모습으로 남게 될까?

BaaS가 국내 은행권에 도입되기 시작했을 때, 많은 은행은 이를 새로운 기술 상품이나 외부 제휴를 위한 수익 다각화 수단 정도로 받아들였을 것이다. 금융 기능을 API 형태로 기업에 제공하고, 그 사용량에 따라 수수료를 받는 구조는 한동안 신사업 혹은 비이자이익 확대 전략으로 분류되며, 복잡한 기술 투자 없이도 안정적 수익을 낼 수 있는 모델로 인식됐을 가능성이 높다. 하지만 이러한 이해는 결과적으로 은행의 존재 방식을 바꾸는 전환점이 되었을 것이다. 고객의 관점에서 볼 때, 이제 금융은 은행 앱이 아니라 플랫폼에서 시작되는 경험이 되었고, 은행은 그 과정에서 눈에 띄지 않는 기능 제공자로 점차 후퇴했다.

고객은 여전히 은행의 계좌를 통해 자금을 입출금하고, 은행의 인프라로 대출을 실행받지만, 이 모든 과정을 누구를 통해 경험했는지 물으면 카카오, 토스, 네이버를 먼저 떠올린다. 은행이 금융을 실행하는 주체라는 사실은 변하지 않았지만, 고객 인식 속의 금융 주체는 플랫폼으로 이동한 것이다.

이런 현상이 나타나는 데는 구조적 이유가 있다. 법적으로 예금 수신, 여신 실행, 지급결제 계좌 발급은 금융당국의 인가를 받은 은행만이 수행할 수 있는 행위다. 따라서 금융은 여전히 은행만이 가능하다. 그러나 금융의 경험을 설계하고 고객 접점을 통제하는 주체는 플랫폼이다. 은행은 여전히 규제 위에 서 있는 존재이지만, 고객이 만나는 첫 번째 금융의 얼굴은 플랫폼인 것이다. 결국 지금 필요한 것은 기술을 팔 것인가의 문제를 넘어, BaaS 이후 시대에 은행은 어떤 방식으로 존재할 것인지 정체성을 재정의하는 일이다. 이는 생존을 위한 전략이면서도, 동시에 은행이라는 조직이 왜 존재해야 하는지에 대한 근본적인 질문으로 이어진다.

[2]
플랫폼화된 은행 vs. 백엔드로 남는 은행

BaaS 모델의 확산은 각각의 은행에 서로 다른 선택지를 제시했다. 어떤 은행은 플랫폼에 기능을 제공하는 데 집중하며 점차 백엔드화된 역할에 안착했고, 다른 은행은 스스로가 플랫폼이 되려는 전략을 선택하며 고객과의 접점을 되찾고자 했다.

이 차이는 겉으로 보기엔 단순한 사업 전략의 차이처럼 보이지만, 실상은 은행이라는 조직의 본질적 방향성을 가르는 갈림길이다. 백엔드로 남는 은행은 규제에 기반한 안정적 수익과 낮은 리스크를 우선시한다. 자체 브랜드의 노출은 줄어들지만, 다양한 기업과의 협업을 통해 API 기반 수수료 수익을 얻는 구조다. 이러한 은행은 존재감을 희생하는 대신, 기능 중심의 은행 인프라 제공자로서의 정체성을 강화한다. 반면 플랫폼화를 택한 은행은 금융 외적 요소, 특히 UX, 브랜드, 고객 접점 설계 능력을 내재화해야 한다. 앱 화면을 예쁘게 만드는 것보다는, 고객이 첫 클릭부터 상품 사용까지 전 과정에서 은행을 기억하도록 만드는 설계 전략이 중요하다. 이런 전략을 시도한 은행들은 과감한 조직 변화, 외부 기업과의 전략적 파트너십, 심지어 자체 플랫폼 구축에 나서고 있다.

두 모델은 서로 대립한다기보다는, 다른 환경과 목적에 따른 전략적 분화라고 봐야 한다. 중소형 은행일수록 백엔드형 접근이 현실적일 수 있고, 대형 은행은 자산 규모와 기술력을 바탕으로 플랫폼화를 시도할 여력이 있다. 다만 중요한 것은 이 선택이 단지 기술 전략의 문제에 그치지 않는다는 점이다. 은행의 미래를 어떤 방식으로 설계할 것인가, 그 정체성과 역할에 대한 자기 해석이 이 전략의 근간에 놓여 있다. 이 선택은 향후 10년간 은행이 금융 생태계 안에서 어떤 위치를 차지할 것인지를 결정짓는 분기점이 될 것이다.

— 02 —

플랫폼은 금융을 완전히 품을 수 있을까?

은행이 점점 더 뒤로 물러나고 플랫폼이 금융 경험의 전면을 차지한 지금, 자연스럽게 다음 질문이 제기된다. "그렇다면, 플랫폼은 과연 스스로 금융을 품을 수 있을까?"

이 질문은 기술의 문제도, 고객 접점의 문제도 아니다. 핵심은 금융 행위의 제도적 경계와 신뢰의 구조에 있다. 카카오, 네이버, 쿠팡, 토스와 같은 디지털 플랫폼들은 이미 결제, 포인트, 송금, 적립형 리워드, 대출 중개, 보험 추천 등 다양한 금융 유사 서비스를 자체 브랜드 안에서 제공하고 있다. 소비자 입장에서 이 모든 과정은 "플랫폼이 금융을 한다"라고 느껴질 만큼 자연스럽고 일상화되어 있다. 그러나 법적으로는 이들 서비스 대부분이 은행, 카드사, 보험사 등 기존 금융기관과의 협업을 기반으로 작동한다.

플랫폼은 금융을 직접 실행할 수 없으며, 금융감독기관의 인가 없이 예금, 여신, 결제 계좌 발급 등 핵심 행위를 독자적으로 수행할 수 없다. 결국 플랫폼은 고객에게 금융 경험을 설계할 수는 있지만, 금융 자체를 창출할 수는 없는 위치에 머물러 있다.

그런데 이 경계는 점점 흐려지고 있다. 토스증권, 네이버파이낸셜, 카카오뱅크처럼, 플랫폼의 금융 자회사가 인가를 받아 직접 금융기관이 되는 흐름도 생겨나고 있다. 반대로, 기존 금융기관이 플랫폼처럼 변모해 경험 설계와 브랜드 중심의 서비스 전략을 택하는 사례도 늘고 있다. 여기에서는 플랫폼이 왜 금융을 품으려 하는지, 그리고 실제로 어떤 방식으로 그 경계를 넘고 있는지 살펴본다. 플랫폼의 금융 실험이 기술과 브랜드 중심의 금융 구조를 어떻게 만들어내는지, 그 제도적 함의는 무엇인지 짚어본다. 결국 질문은 다음과 같다. 금융의 본질은 기능인가, 신뢰인가? 그리고 플랫폼은 이 둘 모두를 충족시킬 수 있을 것인가?

(1)
네이버, 카카오, 쿠팡의 금융 기능 확장

플랫폼 기업이 금융으로 확장하는 방식은 단순하지 않다. 이는 결제 기능 하나를 붙이는 수준을 넘어서, 고객과의 접점을 유지한 채 금융의 핵심 가치에 접근하는 전략적 설계다. 네이버, 카카오, 쿠팡, 토스 등 주요 플랫폼 기업은 이미 결제→포인트→계좌→대출→투자→보험으로 이어지는 금융 전환 경로를 구축하고 있다. 중요한 것은 모든 출발점이 플랫폼 내 고객 활동에서 시작된다는 점이다.

네이버는 쇼핑과 검색이라는 일상적 접점 위에 네이버페이, 네이버 통장, 네이버 보험 비교, 네이버 투자를 자연스럽게 얹었다. 이 흐름은 사용자가 금융을 이용한다기보다, 기존의 이용 행위 속에 금융이 스며들도록 설계한 것이다. 카카오는 카카오톡이라는 일상적 커뮤니케이션 도구 안에 카카오뱅크, 카카오페이, 증권, 보험, 신용조회까지 거의 모든 금융 기능을 통합했다. 이처럼 사용자가 금융을 찾아가지 않아도 되는 환경을 만드는 것이 플랫폼의 핵심 전략이다.

쿠팡은 자사 커머스 생태계 중심으로 쿠페이, 쿠팡캐시, 적립형 리워드, PLCC, 가맹점 대상 대출 등 쇼핑과 연결된 실용적 금융 기능을 도입했다. 쇼핑 데이터를 기반으로 한 대출 상품, 사용자 충전 잔액에 대한 보상 구조는 금융을 통한 로크인 전략의 전형이라 할 수 있다.

토스는 금융 출신 플랫폼답게, 앱 안에 은행·증권·보험·대출·카드·신용 점수까지 통합하면서 플랫폼 중심 금융의 대표 주자로 자리 잡았다.

이들의 공통 전략은 다음과 같다.

생활 속 접점을 선점한다: 쇼핑, 메신저, 송금, 검색 등 고객이 매일 사용하는 활동에서 시작한다.
금융을 '이동'시키지 않는다: 별도의 금융 앱으로 넘어가지 않고, 플랫폼 안에서 모든 과정을 처리한다.
단계적으로 신뢰를 쌓는다: 먼저 포인트와 결제를 통해 익숙함을 확보한 뒤,

점차 예금·투자·대출로 확장한다.

고객 데이터를 기반으로 개인화한다: 알고리즘과 소비 데이터를 활용해 최적의 금융상품을 추천한다.

이러한 전략은 전통 은행이 흔히 접근하는 방식과 다르다. 은행은 자사의 금융상품을 중심으로 사용자를 설득하지만, 플랫폼은 고객의 일상 속 경험을 중심에 두고 금융을 후속적으로 연결한다. 금융은 수단일 뿐, 본질은 고객의 행동을 부드럽게 이어주는 UX에 있다. 플랫폼은 이렇게 자신만의 방식으로 금융을 품고 있으며, 그 과정에서 "금융기관이 아니어도 금융을 경험시킬 수 있는가?"라는 질문에 점점 더 가까이 다가가고 있다.

[2]
플랫폼은 금융 규제의 벽을 어떻게 넘고 있을까?

플랫폼이 금융으로 확장되는 길목에는 늘 규제가 있다. 예금, 대출, 지급결제와 같은 핵심 금융 기능은 대부분 금융당국의 인가를 받은 기관만이 수행할 수 있기 때문이다. 이는 소비자 보호와 금융시장 안정이라는 대원칙에 기반한 구조지만, 동시에 플랫폼 입장에서는 직접 금융을 실행하지 못하는 한계로 작용한다. 플랫폼은 이 제약을 우회하거나 재해석하면서, 다양한 제도적 실험과 비즈니스 모델 실험을 감행해왔다.

○ 출처: 토스피드, 토스뱅크 출범식

　대표적인 사례가 토스뱅크의 출범이다. 원래 송금 중심의 핀테크였던 토스는 직접 은행 라이선스를 취득함으로써 플랫폼이 금융의 전면으로 등장한 상징적 사건이 되었다. 이는 단순히 기능 확장이 아니라, 플랫폼이 제도권을 수용해 금융기관의 지위를 획득한 예외적 사례로 이해된다. 반대로, 플랫폼이 인가를 받지 않고도 금융을 흉내 내는 방식도 있다. 예컨대, 일부 플랫폼은 사용자 포인트를 계좌처럼 충전·보관·사용할 수 있게 하고, 포인트 사용에 따라 리워드라는 명목의 혜택을 제공한다. 실제로는 예금과 이자처럼 작동하지만, 명목상 포인트로 포장되기 때문에 규제를 피할 수 있다.

　또한 대출 중개 플랫폼의 경우, 직접적으로 대출 실행은 하지 않는다는 논리를 내세워, 수많은 금융사의 상품을 비교·추천·연결하는 방식으로 성장해왔다. 이때 고객은 플랫폼 안에서 정보를 탐색하고 조건을 확인하며, 실제 대출 실행은 은행의 시스템에서 일어난다. 그러나 고객은 대출을 플랫폼에서 받았다고 느낀다. 이처럼 법적 인가를 가진 금융기관과의 파트너십, 기술적 연계, 서비스 UX의 설계 방식에 따라 플랫폼은 다양한 방식으로 금융의 핵심 기능에 근접할 수 있다. 때로는 제도 안으로 들어가기도 하고, 때로는 경계를 비껴가며 새로운 사용자 경험을 만들기도 한다. 규제는 금융 플랫폼화의 속도를 늦출 수는 있어도, 완전히 막지는 못한다. 플랫폼은 늘 제도를 존중하면서도 그것을 넘나들 수 있는 경계의 언어를 발명해왔고, 그 결과 은행이 아닌데 은행처럼 보이는 서비스가 사용자 일상에 깊이 스며들고 있다.

― 03 ―

앞으로 누가 금융의 '신뢰'를 만들까?

금융은 결국 신뢰의 산업이다.[28] 돈을 맡기고, 빌리고, 보내고, 보관하는 모든 행위에는 상대방에 대한 신뢰가 전제된다. 과거에는 이를 은행이 독점했다. 규제 기관의 인가를 받은 금융기관만이 예금을 받고 대출을 실행할 수 있었고, 그 구조는 고객에게도 자연스럽게 "은행이라면 믿을 수 있다"라는 인식을 심어주었다. 하지만 지금은 다르다. 신뢰는 더 이상 제도만으로 보장되지 않는다. 사용자는 인터페이스와 경험을 통해 신뢰를 판단한다. 이체가 몇 초 만에 완료되는가? 알림은 얼마나 직관적인가? 계좌 개설은 얼마나 간단한가? 이렇게 체감되는 모든 신뢰가 플랫폼에 유리한 지점을 만들어주고 있다. 토스, 카카오, 네이버는 이 UX 기반의 신뢰를 통해 금융 시장에서 은행보다 먼저 고객과 관계를 맺는 데 성공했다. 은행은 규제 기반의 신뢰를 갖고 있지만, 플랫폼은 경험 기반의 신뢰를 설계할 수 있다.

여기에 더해 기술력과 브랜드 이미지, 데이터 기반의 개인화 추천 기능까지 결합하면서 신뢰의 주체는 점점 이동하고 있다. 여기에서는 금융의 신뢰가 과거에는 어떻게 형성되었고, 지금은 어떤 방식으로 구축되고 있는지 분석한다. 제도, 기술, 브랜드, UX의 네 가지 요소 중 어떤 것이 미래 금융의 신뢰를 좌우할지에 대한 질문으로 논의를 확장해보자.

(1)
기술이 신뢰를 만들 수 있을까? 브랜드 아니면 제도?

금융에서 신뢰는 기술, 브랜드, 제도라는 세 가지를 기반으로 한다. 이들은 각기 다른 방식으로 고객의 신뢰를 유도하며, 서로 경쟁하고, 때론 보완 관계를 이룬다. 우선 제도는 금융 신뢰의 가장 오래된 기둥이다. 금융감독기관의 인가, 예금자 보호 제도, 지급결제 안정성 등의 장치는 고객이 "이 기관에 돈을 맡겨도 안전하다"라는 확신을 갖게 만드는 가장 전통적인 수단이다. 은행은 이러한 규제 기반의 신뢰를 바탕으로 수십 년간 금융 시장을 독점해왔다. 반면 기술은 비교적 새로운 신뢰의 언어다. 모바일 인증, 생체 인식, 실시간 이체, 클라우드 기반 보안 등은 정확하고 빠르며 끊김없는 금융을 가능하게 하며, 신뢰를 '느끼게' 만든다.

금융 서비스에서 기술은 단순한 수단이 아니라, '안정적으로 작동한다'는 체감 자체가 신뢰의 재료가 되었다. 여기에 브랜드가 결합되면 신뢰는 감성의 영역으로 확장된다. 토스, 카카오, 애플, 네이버 등

이들의 브랜드는 고객에게 '복잡하지 않을 것이다', '친숙하다', '일상에서 이미 경험했다'는 이미지를 준다. 그 결과 고객은 은행 이름은 몰라도, 앱 브랜드는 기억한다. 금융 기능의 보유 여부보다 누가 그 경험을 설계했는가가 신뢰의 기준이 된 것이다. 이 세 가지 요소는 지금도 금융의 신뢰를 놓고 경쟁 중이다. 은행은 제도를 등에 업고 있지만, 기술과 브랜드의 힘이 강해질수록 고객의 신뢰는 점점 다른 방향으로 흘러가고 있다.

이 변화는 단순히 마케팅의 문제가 아니다. 누가 고객의 첫 화면에 있는가, 누가 고객의 데이터를 기반으로 먼저 말을 거는가, 그리고 누가 문제를 가장 빠르게 해결해주는가가 신뢰의 주체를 바꾸고 있는 것이다.

[2]
미래 금융의 '신뢰 주체'는 누구인가?

한때, 금융에서의 신뢰는 오직 '은행'만이 가질 수 있는 자산이었다. 예금을 받고, 대출을 실행하고, 결제망을 운용하는 일은 국가의 인가를 받은 금융기관만이 수행할 수 있었고, 그 제도적 기반이 곧 고객의 신뢰를 보장했다. 하지만 상황은 달라졌다. 플랫폼은 은행이 만든 금융의 영역에 들어와 신뢰의 인터페이스를 장악했다. 사용자는 돈을 보내고, 투자하고, 대출을 실행하는 순간조차도 어느 은행과 거래하고 있는지 기억하지 못한다. 이들에게 더 중요한 것은 어디에서 이 과정을 시작했고, 어떻게 경험했는가다.

그 출발점이 은행 앱이 아니라 카카오, 토스, 네이버가 된 지 오래다. 이러한 현상은 단순한 인식의 전환이 아니다. 신뢰라는 금융의 핵심 자산이 이동하고 있는 구조적 변화다. 규제 기반의 신뢰는 여전히 유효하지만, 사용자 경험과 기술 기반의 신뢰는 그보다 더 빠르게 고객의 마음을 사로잡는다. 그리고 이 변화는 "앞으로 누가 금융에서 신뢰의 주체가 될 것인가?"라는 근본적인 질문을 던지게 만든다.

금융 거래에서 고객이 진정으로 원하는 것은 복잡한 제도나 조건이 아니다. 그보다는 "문제없이 잘 작동하고, 내가 이해할 수 있으며, 예기치 않은 리스크가 없을 것"이라는 믿음이다. 이 믿음을 형성하는 방식은 이제 다양해졌다. 과거에는 은행의 로고와 지점의 존재, 금융감독원의 인가 사실이 신뢰를 만들어주는 보증서 역할을 했다면, 지금은 3초 만에 작동하는 앱, 에러 없는 UX, 간결한 메시지가 그 역할을 대신한다.

토스에서 이체하고, 카카오에서 대출을 받는 고객은 금융 서비스를 빠르고 정확하게 경험했다는 점에서 신뢰를 느낀다. 이 신뢰는 플랫폼에 대한 감정적 충성도로 전이되며, 결국 은행은 그 신뢰의 배경으로만 존재한다. 신뢰는 단일하지 않다 미래의 금융은 단일한 신뢰 주체가 모든 걸 책임지는 구조가 아니다. 인증은 A플랫폼에서, 투자 상담은 B앱에서, 지급결제는 C서비스에서 이루어지는 모듈형 구조가 보편화되면, 고객은 기능별로 분산되어 신뢰한다. 이는 신뢰가 더는 일원화되지 않고, 기능별·경험별로 세분화되어 다층화되는 흐름을 의미한다.

따라서 누가 더 신뢰받는 '전체 금융사'가 될 것인가보다는, 각 기능에서 누가 신뢰를 설계하는가가 더 중요해진다. 이제 신뢰를 설계하는 능력은 기술 기반의 안정성과 투명성, 브랜드가 주는 감정적 신뢰와 사회적 관계성, 제도와 법적 기준을 준수하는 책임감 있는 운영이라는 세 가지 축을 기반으로 결정된다. 은행은 제도에서 앞선다. 플랫폼은 기술과 UX에서 우위에 있다. 브랜드는 그 둘 사이를 잇는 다리 역할을 한다.

그러나 세 요소 모두를 아우르는 기업은 여전히 드물다. 그렇기에 미래의 신뢰 주체는 반드시 은행도, 플랫폼도 아닌, 신뢰의 조건을 가장 세밀하게 설계한 플레이어가 될 가능성이 높다. 앞으로의 금융은 "금리를 누가 더 많이 주는가?"의 싸움이 아니라, "누가 더 믿을 만한가?"를 설계하는 싸움이다. UX에서 시작되는 체감 신뢰, 데이터 보호와 안전성에 대한 기술 신뢰, 그리고 제도적 책임이 어우러지는 복합적인 신뢰 구조가 새로운 금융 생태계의 질서를 정의할 것이다. 그리고 이 게임의 승자는 은행이 아닐 수도 있다.

금융이 민주화된다는 것의 의미

 '금융의 민주화'라는 표현은 종종 오해를 낳는다. 누구나 투자할 수 있고, 누구나 대출받을 수 있으며, 누구나 자기 돈을 통제할 수 있는 시대가 된 것을 의미하는 듯 보이지만, 실제로는 훨씬 더 깊고 구조적인 변화를 담고 있다. 금융이 민주화된다는 것은 접근성이 높아진다는 뜻만이 아니다. 그보다는 금융이 특정 집단, 특정 기관의 독점에서 벗어나 개인과 지역, 플랫폼과 기술, 다양한 주체들 사이로 권한과 역할이 분산[29]되는 것을 의미한다.

 중앙 집중형 금융 시스템에서 벗어나면서 금융은 분산되고, 연결되며, 맞춤화되는 구조로 재편되고 있다. 블록체인을 기반으로 한 탈중앙화 금융은 중개기관 없이도 금융거래를 가능하게 하며, 지역화폐나 커뮤니티 기반의 금융 플랫폼은 전통적인 금융기관이 포착하지 못한 소외된 경제 주체들에게 새로운 금융의 가능성을 제공한다.

 이러한 흐름은 기술적 진보의 결과만이 아니다. 그 배경에는 금융 시스템에 대한 구조적 불신, 기존 금융기관이 놓치고 있던 사용자 요구, 그리고 기술이 허용한 새로운 신뢰 구조가 자리 잡고 있다. 여기에서는 '금융의 민주화'가 핀테크의 유행어나 마케팅 슬로건이 아니라, 금융의 작동 방식 자체를 바꾸는 근본적 구조의 재편 과정임을 설명하고자 한다. 그리고 이러한 변화가 어떻게 개인의 선택을 넓히고, 플랫폼·지역·데이터 기반 금융이 공존하는 미래로 이어지는지 짚어본다.

(1)
모두가 금융을 설계할 수 있는 시대가 온다

오랜 시간 동안 금융은 기관 중심으로 설계되고 운영되어왔다. 고객은 은행이 만든 상품을 선택해야 했고, 그 과정은 불투명하고 복잡하며 때로는 비대칭적이었다. 금리는 은행이 정하고, 대출 심사 기준은 공개되지 않으며, 상품 가입도 은행의 영업시간에만 가능했다.

그러나 이제는 바뀌고 있다. 플랫폼의 시대, 데이터의 시대, 사용자 경험의 시대가 열리면서 금융은 점점 더 소비자 중심의 구조로 이동하고 있다. 소비자 중심 금융이란 고객의 니즈를 반영한 상품을 말하는 것이 아니다. 그보다는 고객이 자신의 금융 데이터를 활용하여, 자신에게 맞는 상품을 능동적으로 탐색하고 설계하며, 언제, 어디서나 손쉽게 실행할 수 있는 상태를 의미한다.

예를 들어, 마이데이터 기반 금융 서비스는 소비자의 과거 소비 패턴과 신용 정보를 분석해 가장 적합한 대출이나 적금 상품을 실시간으로 추천한다. 소비자는 복잡한 상품 비교 없이, 자신에게 지금 가장 적절한 조건을 가진 금융을 선택할 수 있다. 또한, 플랫폼 내에서의 금융 경험은 상품 가입이나 자산관리뿐 아니라 결제, 포인트, 멤버십, 소비 할인과 연결되며, 더 넓은 일상 속 경험으로 확장된다. 금융이 생활에 자연스럽게 녹아들고, 사용자는 이를 인지하지 않아도 편리한 금융을 경험한다. 이처럼 소비자 중심 금융의 최종 형태는 사용자가 통제권을 가진다는 점에서 기존 금융의 위계와는 완전히 다른 구조를 가진다.

금융기관은 상품의 공급자에서 경험의 설계자 혹은 보이지 않는 인프라로 역할이 바뀐다. 소비자가 주도하는 금융이란 선택당하는 것이 아니라 선택하는 주체가 되는 것을 뜻한다. 그리고 이 변화는 더 이상 먼 미래가 아니다. 이미 그 전환점에 도달해 있다.

[2]
지역 금융, 분산형 금융, 데이터 기반 금융의 공존

금융의 미래는 하나의 모델로 수렴되지 않는다. 오히려 서로 다른 방향성과 철학을 가진 금융 형태들이 동시다발적으로 확장되고, 공존하는 시대가 도래하고 있다. 탈중앙화 금융은 중앙기관 없는 금융을 지향한다. 블록체인 기술을 기반으로 한 스마트 계약은 중개 없이 예치, 대출, 교환이 가능하도록 한다.

이 시스템에서 고객은 은행의 신용이나 허가를 기다리지 않아도 된다. 대신 코드가 신뢰를 보장하며, 전 세계 누구에게나 열려 있다. 한편, 지역 금융은 거대 플랫폼과 정반대의 위치에 있다. 지역화폐, 지역 상권 중심의 협동조합 금융, 소규모 마을금고 등은 로컬 커뮤니티의 특성과 필요에 맞춘 맞춤형 금융을 실현한다. 특히, 대형 금융기관이 진입하지 않는 빈틈을 메우고, 지역경제의 순환을 유도하는 역할을 수행한다. 여기에 데이터 기반 금융은 이 둘을 연결한다. 고객의 행동 데이터, 소비 이력, 온라인 상거래 기록, 소셜 네트워크 등 정형·비정형 데이터를 통합적으로 분석해 맞춤형 금융상품과 신용평가, 리스크 분석을 가능하게 한다. 이는 기존 금융기관, 플랫폼 기업, 기술 기업 모두에게 새로운 금융 설계의 도구로 작용하고 있다.

이 세 가지 모델은 상호 대립적인 개념이 아니다. 탈중앙화 금융은 금융의 접근성과 자율성을 확장하고, 지역 금융은 관계성과 실질적 경제 기반을 확보하며, 데이터 기반 금융은 기술을 통해 개인화와 확장성을 강화한다. 중요한 것은 어떤 금융이 옳은지가 아니라, 어떤 금융이 어떤 문맥에서 적합한지의 문제다.

소비자, 커뮤니티, 기술 환경에 따라 이들 모델은 서로 다른 모습으로 작동하면서도 금융의 다양성과 유연성을 증명하고 있다. 이제 중앙집중형 은행 시스템만이 아닌, 다양한 금융 질서들이 공존하는 다극적 금융 생태계를 상상해야 한다. 그 변화의 흐름은 이미 시작되었다.

— 05 —

10년 후, 우리는 어떤 질문을 하게 될까?

지금 우리는 거대한 전환점에 서 있다. 은행의 기능은 플랫폼에 스며들고, 금융의 주체는 재구성되고 있다. 하지만 이 변화가 어디로 향하는지는 아무도 정확히 말할 수 없다. 오히려 지금 필요한 것은 단언이 아니라 질문이다. 10년 후, 금융은 지금보다 더 빠르고 투명해질까? 아니면 과도한 기술 의존으로 새로운 불평등이 생길까? BaaS 모델을 논할 때, 기술적 진보의 문제를 넘어 금융의 정체성, 책임, 역할에 대한 근본적인 질문으로 이어진다. 플랫폼이 금융을 설계하는 시대, 은행은 과연 어떤 존재로 남아 있을까? 데이터가 신뢰를 대체할 수 있을까? 금융은 더 민주적으로 변할 수 있을까? 그리고 이런 변화 속에서 어떤 금융을 선택할 것인가? 여기에서는 그런 질문들을 모아 정리한다. 정답을 내리기 위한 것이 아니라, 다가오는 10년을 준비하기 위한 사유의 출발점으로 삼기 위해서다.

[1]
지금의 BaaS 흐름은 과연 지속 가능할까?

BaaS는 지금 이 순간 금융 산업의 가장 뜨거운 트렌드다. 은행은 플랫폼에 자신들의 인프라를 제공하고, 플랫폼은 그것을 바탕으로 고객에게 금융을 제공한다. 두 주체의 협업은 기존의 금융 경계를 허물고, 새로운 소비자 경험을 설계할 수 있게 해주었다. 그러나 이 흐름이 10년 뒤에도 유효할지는 여전히 알 수 없다. 지금의 BaaS는 기술과 시장의 가능성을 바탕으로 하지만, 법제도, 수익성, 이해관계의 충돌 같은 변수 앞에 미래는 확정된 것이 아니다.

첫 번째 변수는 규제다. 현재의 BaaS는 제도적 회색지대에서 작동하고 있는 경우가 많다. 금융 인가를 받은 주체만이 예금, 여신, 결제 기능을 수행할 수 있지만, 플랫폼은 그 경계를 넘나들고 있다. 이로 인해 금융당국은 제도적 보완과 감독 강화에 나서고 있으며, 이 변화가 BaaS의 유연함을 제한할 가능성도 있다.

두 번째는 수익 모델의 지속성이다. 많은 은행이 BaaS를 인프라 판매 혹은 수수료 수익 모델로 접근했지만, 이 모델이 장기적으로 높은 수익성과 차별성을 보장해줄지는 미지수다. 특히 플랫폼이 자체 금융 라이선스를 획득하거나 핀테크와의 직접 연계를 확대할 경우, 은행은 BaaS 시장에서도 경쟁자에게 자리를 내줄 수 있다.

세 번째는 역할의 희석이다. 지금은 BaaS가 은행의 새로운 성장 기회처럼 보이지만, 그 실체는 플랫폼의 하청화일 수도 있다. 플랫폼의

API 공급자가 된다는 것은 브랜드와 고객 접점을 내주고 기능 제공자에 머무는 역할로 축소된다는 의미이기도 하다.

그런데도 BaaS는 여전히 은행에 존재 방식을 바꿀 기회를 제공한다. 은행이 API를 제공하는 데 그치지 않고, 자체 데이터, 리스크 관리 역량, 신뢰 자산을 플랫폼과의 협업 구조 안에서 전략적으로 배치한다면 지속 가능한 BaaS 모델로 진화할 수 있을 것이다.

결국 질문은 하나다. 은행은 플랫폼을 위한 기능 제공자로 남을 것인가, 아니면 플랫폼 위의 전략 주체로 진화할 것인가? BaaS의 지속 가능성은, 이 질문에 대한 답으로 어떤 선택을 하느냐에 달려 있다.

(2)
10년 후에도 은행은 남아 있을까?

10년 후에도 여전히 '은행'이라는 이름을 쓰고 있을까? 기술은 전례 없이 빠르게 금융의 외형을 바꾸고 있다. 하지만 그 본질, 즉 신뢰와 자금 흐름의 중심에 은행이 여전히 존재할 것인지는 예측이 아니라 선택의 결과에 달려 있다. 은행은 지금, 전방에서 사라지고 있다. 사용자는 더 이상 어느 은행에 갈지 고민하지 않는다. 토스에서 적금을 들고, 네이버에서 결제하고, 쿠팡에서 충전하고, 카카오에서 대출을 받는다. 플랫폼은 사용자의 생활에 깊숙이 침투했고, 금융은 그 흐름에 자연스럽게 흡수되었다. 이제 고객에게 중요한 건 어디서 금융을 했는지가 아니라 어디서 이 경험을 시작했는지다.

2035년의 은행은, 물리적 존재가 아니라 기능과 역할의 형태로 남아 있을 가능성이 크다. 규제와 라이선스라는 벽은 여전히 금융의 경계가 되지만, 그 경계를 넘는 방식은 더욱 정교해질 것이다. 기술적으로는 백엔드화되고, 법적으로는 라이선스를 유지하며, 시장에서는 브랜드를 잃은 채 존재할 수도 있다. 혹은, 일부 은행은 완전히 다른 진화를 택할 수도 있다. 자체 플랫폼을 강화하거나, 특정 산업군에 깊이 연계되거나, 신뢰·데이터·보안 같은 금융의 고유 영역을 재정의하는 식일 것이다. 이 경우, 은행이라는 명칭은 남겠지만 그 모습은 지금과 전혀 다를 것이다. "은행이 사라진다"는 말은 물리적 지점이나 앱이 사라진다는 뜻이 아니다.

그보다 더 본질적인 질문은 이것이다. 2035년에도 고객은 금융을 "은행에서 시작한다"라고 느낄 것인가? 그 질문에 "그렇다"라고 답할 수 없다면, 은행은 존재해도 존재하지 않는 셈이다.

[3]
미래의 금융은 어떤 모습으로 우리 곁에 있을까?

10년 후, 금융은 어떻게 움직이고 있을까? 그 질문은 "기술이 얼마나 발전했는가?"보다 "금융이 어디에, 어떻게 녹아들어 있는가?"에 가깝다. 지금처럼 금융 앱을 따로 켜서 송금하거나, 은행 홈페이지에 접속해 대출을 신청하는 방식을 계속 유지할까? 아니면 더는 인지조차 할 수 없을 만큼 무형의 기능으로 작동할까? 미래의 금융은 산업이라기보다 서비스로 존재할 것이다. 쇼핑을 할 때, 택시를 부를 때, 여행을 예약할 때, 금융은 그 흐름에 자연스럽게 섞여 들어 있다. 결제는 자동화되고, 신용조회는 실시간으로 반응하며, 저축은 구독 서비스처럼 배경에서 진행된다. 고객은 더 이상 금융 서비스를 이용한다고 인식하지 않는다. 그저 하나의 통합된 경험으로 받아들일 뿐이다.

기술은 이 흐름을 더욱 정교하게 만든다. AI는 사용자의 금융 습관을 분석해 먼저 제안하고, 데이터는 지금 이 순간 가장 적합한 상품을 찾아준다. 금융은 더 이상 '누르는' 서비스가 아니라 '반응하는' 서비스가 된다. 화면조차 사라질 수 있다. 스마트 디바이스, 음성, 생체인식 등 비가시적 인터페이스가 금융과 일상을 완전히 엮어낼 것이다. 이처럼 금융이 움직임 그 자체로 작동한다면 진짜 중요한 질문이 남는다. "누가 이 움직임을 설계하고 있는가?"

플랫폼 기업인가? 빅테크인가? 여전히 은행인가? 아니면 알고리즘인가? 앞으로의 금융은 단순한 상품의 제공이 아니라, 신뢰를 기반으로 한 흐름의 설계다. 그 흐름을 누가 쥐고 있는지가 곧 권력이고, 산업의 미래다. 결국 "금융은 어떻게 움직이는가?"라는 질문은 "금융은 누구의 손에 있는가?"라는 질문으로 이어진다.

2035년, 우리는 지금보다 훨씬 많은 금융을 쓰고 있을 것이다. 하지만 그것이 은행을 통해서인지, 혹은 플랫폼 속 어딘지조차 기억하지 못할지도 모른다. 그만큼 금융은 앞으로, 더 조용하고 더 깊숙이 움직일 것이다.

에필로그

은행이 사라져도
금융은 남는다

　은행은 사라질지도 모른다. 적어도 우리가 알던 방식으로는 존재하지 않을 것이라는 말이다. 점포는 더 이상 고객을 기다리지 않고, 창구는 기억되지 않으며, 금융은 더 이상 특정 장소나 사람을 통해서만 이루어지지 않는다. 이제 금융은 '보이지 않는 것'으로 이동했다. 우리가 스마트폰을 들여다보는 순간, 결제 버튼을 누르는 순간, 자동이체 알림을 확인하는 순간, 금융은 이미 거기 있다.

　하지만 그 순간에도 '은행'을 떠올리지 않는다. 대신 토스를 말하고, 카카오를 기억하며, 네이버를 신뢰한다. 고객의 마음속에 자리한 것은 더 이상 금융기관의 간판이나 브랜드가 아니다. "누가 돈을 빌려줬는가?"보다 "누구를 통해 경험했는가?"가 중요해진 시대가 되었고, 은행을 경유하지 않고 금융을 경험하는 첫 세대가 되었다.

이 변화는 디지털화의 결과만은 아니다. 이것은 신뢰의 구조가 재편되고 있다는 징후이며, 플랫폼이 신뢰의 설계자 역할을 수행하고 있다는 증거다. 과거에 신뢰는 '인허가된 기관'이라는 제도를 통해 보장되었고, 고객은 이를 통해 안심할 수 있었다. 그러나 지금은 다르다. 사용자는 법적 권한보다 사용 경험과 기술 안정성에 먼저 반응한다. UX는 곧 신뢰이고, 브랜드는 금융의 출입구가 되었다.

그러나 플랫폼은 금융을 직접 만들어낼 수 없다. 예금을 받거나, 여신을 실행하거나, 지급결제 계좌를 발급하는 일은 여전히 은행만이 할 수 있다. 이것이 오늘날 우리가 목격하는 이중 구조다. 고객 경험의 전면에 플랫폼이 서고, 금융의 실질적 실행은 여전히 은행이 맡는다. 플랫폼은 금융을 '품을' 수는 있어도 '만들' 수는 없다. 은행은 전면에서 물러났지만, 완전히 사라지지 않았다. 대신 기능으로만 남았다.

이 책이 따라간 여정은 바로 그 전환의 궤적이다. 커머스에서 시작된 금융, 모빌리티에서 작동하는 금융. 소비 데이터를 바탕으로 신용이 만들어지고, 적립이 저축을 대체하며, 알고리즘이 맞춤형 금융을 제안하는 세계. 그리고 그 모든 구조를 설계하는 존재는 점점 은행이 아니라 플랫폼, 브랜드, 기술, 데이터가 되고 있다.

이제 다음 질문을 마주해야 한다. 앞으로의 10년, 금융은 어디로 향할까? 지금의 BaaS 흐름은 과연 지속 가능한가? 플랫폼은 끝내 은행이 될 수 있을까? 아니면 규제와 제도의 벽 앞에서 다시 멈춰 설 것인가? 무엇보다 중요한 질문은 이것이다. 미래의 금융에서 신뢰는 누가 만들 것인가?

  이 질문에 대한 정답은 아직 없지만, 한 가지는 분명하다. 금융은 은행 없이도 움직인다는 것이다. 은행이 중심이 아니어도, 금융은 작동하고, 연결되고, 성장할 것이다. 형태는 사라졌지만, 기능은 오히려 더 넓어지고 정교해지는 중이다. 그래서 이렇게 말할 수 있다. 은행이 사라져도 금융은 남는다. 그리고 더 정확히 말하자면, 은행 없이도 금융은 더 멀리 간다. 그것은 산업이 아니라 기능이고, 공간이 아니라 관계이며, 브랜드가 아니라 설계 방식 그 자체이기 때문이다. 그리고 이제 그 설계는 더 이상 은행만의 것이 아니다.

참고자료

1. 금융위원회, 2025.07.06. https://www.fsc.go.kr/in090301/view?dicId=1925&curPage=1
2. 뉴스투데이, 2023.01.09. https://www.news2day.co.kr/article/20230109500138
3. 대한민국 정책브리핑, 2021.11.16. https://www.korea.kr/special/policyCurationView.do?newsId=148868940
4. 헥토데이터 블로그, 2023.09.01. https://blog.hectodata.co.kr/baas/
5. 오마이뉴스, 2022.11.28. https://www.ohmynews.com/NWS_Web/View/at_pg.aspx?CNTN_CD=A0002957298
6. 자본시장연구원, 2023.01.27. https://www.kcmi.re.kr/report/report_view?report_no=1517
7. 윈들리 블로그, 2025.02.19. https://www.windly.cc/blog/coupang-seller-wallet-2025
8. 전자신문, 2022.07.14. https://www.etnews.com/20220714000022
9. 매일경제, 2025.06.09. https://www.mk.co.kr/news/economy/11337370
10. DB손해보험 프로미카자동차보험, 2022.07.31. https://www.idbins.com/pc/bizxpress/pdc/at/FWMALV0522.shtm
11. Apple 공식 뉴스룸, 2019.03.25. https://www.apple.com/newsroom/2019/03/introducing-apple-card-a-new-kind-of-credit-card-created-by-apple/
12. BusinessChief, 2020.05.19. https://businesschief.eu/corporate-finance/telefonica-and-fidor-bank-launch-o2-mobile-bank-account-1
13. U.S. department of justice, 2021.01.21. https://www.justice.gov/archives/opa/pr/visa-and-plaid-abandon-merger-after-antitrust-division-s-suit-block
14. 디지털타임즈, 2018.12.13. https://www.dt.co.kr/article/11207995
15. 삼성SDS, 2025.07.02. https://www.samsungsds.com/kr/insights/open-banking-api-platform.html
16. 서울경제, 2024.06.28. https://www.sedaily.com/NewsView/2DAN3NRGI3
17. 조선비즈, 2025.06.12. https://biz.chosun.com/stock/finance/2025/06/12/IMWDK5FZSZD33DZZ323NNYNGNM/
18. 자본시장연구원, 2023.01.02. https://www.kcmi.re.kr/publications/pub_detail_view?syear=2023&zcd=002001016&zno=1699&cno=6042
19. DBR. 2025.07.06. https://dbr.donga.com/article/view/1203/article_no/8473
20. 쿠팡 홈페이지, 2025.07.05. https://bit.ly/44MrvVf
21. How Apollo Agriculture is solving small-scale farmers' credit problem, 2021.06.23. https://techpoint.africa/feature/apollo-agriculture-feature/
22. 투이컨설팅, 2024.06.24. https://www.2e.co.kr/news/articleView.html?idxno=301690
23. Electrek, 2021.11.30. https://electrek.co/2021/11/30/tesla-enable-in-car-purchases-subscriptions/
24. Icoda, 탈중앙화 금융이란 무엇인가요? 서비스, 기능 및 기술, 2025.07.01. https://icoda.io/ko/what-is-decentralized-finance-services-capabilities-and-technologies/
25. 2e컨설팅, 2024.06.24. https://www.2e.co.kr/news/articleView.html?idxno=303386
26. Wepin, 국경 없는 원클릭 금융의 현실화 2025.05.14. https://www.wepin.io/ko/blog/tap-to-send-borderless-finance-waas-stablecoins
27. 티타임즈, 2020.06.19. https://www.ttimes.co.kr/article/2020061915247767416
28. Wealth Management, 금융 위기와 신뢰 관리...고객의 믿음을 구축하라, 2023.05.31. https://www.wealthm.co.kr/news/articleView.html?idxno=10559
29. 권민경, 스마트계약에 기반한 DeFi의 활용 가능성, 2025.06.25